立足新课程 解码新教法
——"双新"背景下高中语文情境教学新探索

陈 怡 编著

·上海·

图书在版编目（CIP）数据

立足新课程　解码新教法:"双新"背景下高中语文情境教学新探索/陈怡编著.—上海：同济大学出版社，2023.8
　ISBN 978-7-5765-0875-8

　Ⅰ.①立… Ⅱ.①陈… Ⅲ.①中学语文课—教学研究—高中 Ⅳ.① G633.302

中国国家版本馆 CIP 数据核字（2023）第 132660 号

立足新课程　解码新教法
——"双新"背景下高中语文情境教学新探索

陈　怡　编著

| 责任编辑 | 朱　勇 | **责任校对** | 徐春莲 | **封面设计** | 陈益平 |

出版发行	同济大学出版社　www.tongjipress.com.cn
	（地址：上海市四平路 1239 号　邮编：200092　电话：021-65985622）
经　　销	全国各地新华书店
排　　版	南京文脉图文设计制作有限公司
印　　刷	苏州市古得堡数码印刷有限公司
开　　本	710mm×960mm　1/16
印　　张	10.25
字　　数	205 000
版　　次	2023 年 8 月第 1 版
印　　次	2023 年 8 月第 1 次印刷
书　　号	ISBN 978-7-5765-0875-8
定　　价	45.00 元

本书若有印装质量问题，请向本社发行部调换　　　　版权所有　侵权必究

序

孔子说"里仁为美"——仁义之风浓郁的地方最适合居住。为什么这么说？因为"环境"是最好的教育。保加利亚暗示学家 G.洛扎诺夫说："我们是被我们生活的环境教学和教育的，也是为了它才受教学和教育的。""情境"不仅是学习的环境，也是成长元素的全息空间；而从教育的最终指向来看，重构"情境"、优化"情境"也是学习的终极目标。

国家新课标、新教材颁布以来，"情境教学""课程内容情境化"……"情境"成为教育教学改革特别是课程改革的重要杠杆之一。对于语文教学而言，是否从教师的"教"转为学生的"学"，从知识教学转为素养培育，从传统的单篇教学转为大单元、任务群教学，有没有构建真实的"情境"成为重要的检测指标。

但是，"情境教学"的价值之所以被"双新"提到教育理念和策略双维新高度，是因为：一方面，长期以来"教为中心""知识中心"的单维教学不符合学生素养养成的科学规律、不利于学生综合素养的有效养成，但师生教与学的反向心理惯性与行为惯性颇为强大；另一方面，教师如何在"双新"背景下实施有效教学，如何以丰富性与多样性的学习环境为学生提供集成化与个性化的支持条件，如何在合适的"情境"中引导学生实现整体认知并进行深度思考与创造性"生产"……研究还处于起步阶段。近几年的语文高考试题、模拟试卷中"情境应用题"频出。评价新趋势"倒逼"教师更加重视"情境教学"。但是什么是"情境"？如何有效构建"情境"？"情境教学"的流程与环节是什么？如何进行相应的过程评价和增值评价？一系列问题有待深入研究，"情境教学"在实践中的理论系统有待重构。

陈怡老师这些年来一直关注"情境教学"，不仅在教学实践中广泛尝试，而且以项目研究的形式深化研究，设计"基于专题教学的高中语文情境教学的实践研究"等课题，梳理国内外情境教学的研究成果和典型案例，提出关于情境教学的理想模型，边实验边提炼，撰写《高中语文"教学情境"创设的思考与实践》《基于高中生情感需求的情境教学》《如何在教学中落实新课标中的三种情境》等一系列论文，积累了一批案例，初步建构关于"情境教学"的认知系统和实践策略系统。新课标新教材颁布之后，陈怡老师进行自我反思、自我突破，将基于单篇教学的关于"情境教学"的思考与经验，"升级"为指向单元教学、核心素养的具体阐述和设计。前前后后近十年地潜心钻研，终于有了今天这本《立足新课程　解码新教法——"双新"背景下高中语文情境教学新探索》。

全书从情境教学的发展渊源及当下价值着手，思考"双新"背景下高中语文情境教学的困境，研究"双新"背景下高中语文情境教学的内涵和理论依据，探索并构建"双新"背景下高中语文情境教学的原则和策略、实施"双新"背景下高中语文情境教学的路径，并提供高中语文"情境教学"单篇和单元例证。不单对广大的高中语文教师，对各个学段的语文教师，乃至对语文教学和其他学科的情境教学的研究者而言，都具有深切的实用价值和参考意义。

教育改革几十年，各种口号层出不穷，各种理念纷繁复杂。但鲜有真正提供给实践领域的"技术"方法，导致理念与理念的落地变成难以贯通的两极。"双新"的明方向、高要求，让基层教师真正意识到课改的主要阵地在课堂、课改的终极达成在"方法"。可以这么认为：一切指向"双新"、基于实践、对应"问题"的"探索"都是具有"种子"意义、生态意义的。所有基层教师关于实施策略方面的研究，无论方法上的成果还是精神方面的成果，都是那么弥足珍贵。

王白云

2023 年 4 月

目　录
CONTENTS

序

| 第一章　情境教学的发展渊源及当下价值 | 001 |

　　第一节　情境教学的发展渊源　　002
　　第二节　情境教学的当下价值　　003

| 第二章　"双新"背景下高中语文情境教学的困境 | 007 |

　　第一节　高中语文情境教学现状　　008
　　第二节　高中语文情境教学研究内容　　013

| 第三章　"双新"背景下高中语文情境教学的内涵和理论依据 | 015 |

　　第一节　"双新"背景下高中语文情境教学的内涵　　016
　　第二节　"双新"背景下高中语文情境教学的理论依据　　021

| 第四章　构建"双新"背景下高中语文情境教学的原则和策略 | 027 |

　　第一节　构建"双新"背景下高中语文情境教学的原则　　028
　　第二节　构建"双新"背景下高中语文情境教学的策略　　032

第五章 实施"双新"背景下高中语文情境教学的路径　　061

第一节　"双新"背景下高中语文大单元情境教学的路径　　062
第二节　"双新"背景下高中语文单篇情境教学的路径　　068
第三节　"双新"背景下高中语文信息化情境教学的路径　　071

第六章 高中语文情境教学单篇和单元例证　　079

第一节　单篇情境创设　　080
第二节　单元情境创设　　119

参考文献　　150

后记　　152

第一章 CHAPTER 1
情境教学的发展渊源及当下价值

"双新"课程改革为高中语文课堂带来了革命性的变化——从教师的"教"转为学生的"学",从知识教学转为素养培育,从传统的单篇教学转为大单元教学、任务群教学。

温儒敏教授认为,统编本高中语文教材中蕴含着一些"情境",这些"情境"分别体现在"单元学习任务"与"学习提示"中,教师可以依据单元任务要求和学情需要科学地设计"情境"。通过"创设情境",在激发高中生学习兴趣的同时,促使其对单元整体有更宏观的把握、更深刻的体验。在"双新"课程改革的引领下,"情境教学"被赋予了新的使命。

基于此,我们展开了"双新"背景下高中语文情境教学的新一轮探索。

第一节

情境教学的发展渊源

一、国外情境教学研究

如果说我们依稀能从古希腊苏格拉底的"产婆术"中捕捉到情境教学的影子,那么法国教育家卢梭在他的著作《爱弥儿》中则真正展示了情境教学的实例。

19世纪,美国教育家杜威提出了"在做中学""教育即生活"的教学理论,他认为教学必须安排真实的情境,应使学校成为社会生活的一部分。

苏联教育学家苏霍姆林斯基提出,"在体验中观察",引导学生观察社会、体验环境。

进入20世纪后,情境教学成为西方教育界的热点话题。从心理学角度出发,提出创建以学生为中心的真实的学习环境;从人类学的视角出发,主张探索学习主体与环境相互作用的实践共同体。不管从哪种角度出发,都强调"以学生为中心""真实学习环境",这一点和我国的"双新"课程改革的"真实的语言运用情境"相一致。

二、国内情境教学研究

不少研究者认为,我国的"情境"理论在王昌龄的《诗格》中就有提及:"娱乐愁怨,皆张于意而处于身,然后驰思,深得其情。"[1]也就是说学者需要亲身经历,才能促发想象,获得情感体验。这种说法影响了很多现代研究者。

叶圣陶认为，读者和作者共情，才能领悟。陶行知则提倡教学做合一，在做中教，在做中学。这些都标志着情境教学在我国的起步。

然而，真正把语文情境教学的研究推上新台阶的应该是著名儿童教育家、情境教学创始人李吉林。李吉林深受中国古代文艺理论"境界说"的影响，主张把情感活动与认知活动紧密结合，让学生在优化的情境中学习。她所提出的情境教学理论相比国外有更丰富的内涵，是一种有情之境。教师因情造境，学生才能入境生情。李吉林创立了情境教育理论体系和操作体系。

学者韦志成将情境教学的研究对象向高年级学生转移，他认为："情境教学是从教学的需要出发，教师依据教材创设以形象为主体，富有感情色彩的具体场景或氛围，激发和吸引学生主动学习，达到最佳教学效果的一种教学方法"[2]，他从情境教学的特征、原则、分类、教学过程、实施方法等方面在理论和实践上揭示了语文情境的教学规律。

目前，很多研究者开始深层、全面地对语文情境教学进行分析总结，并逐渐形成自己的体系。例如，学者冯卫东、王亦晴的《情境教学策略》[3]对语文情境教学法进行了详细的分类，包括教学模式、教学案例、实施思路等，具有很强的操作性。

总之，情境教学的研究逐渐完善。当前在信息化及"双新"课程改革引领下，情境教学的理论和实践也应与时俱进，不断进阶。

第二节

情境教学的当下价值

"新课程、新教材"如何实施，是新时期高中[①]语文教学亟须探索的重

[①] 本书中的高中，指普通高级中学。

要课题。

为了深入贯彻教育部《关于做好普通高中新课程新教材实施工作的指导意见》文件精神,进一步推进普通高中"新课程、新教材"的实施工作,高中语文学科一直坚持"双新"引领、"素养"为先,在教学中注重"语言构建与运用""思维发展与提升""审美鉴赏与创造""文化传承与理解"等语文学科核心素养的培养。

随着"双新"课程改革持续深化,高中语文教师的教学理念、教学方法也开始转变。新时代高中教育的使命与特点决定了课程目标应素养化,课程内容应结构化、生活化,课程实施应具有实践性、研究性。当今社会对高中生的语文素养和学科能力早已经有了更高的要求,如果高中语文教师们仍然"固守"传统的教学模式,那么就很难走出高中语文教学的困境。因此,新的教学模式应运而生。情境教学因为符合"双新"课程改革理念并且能满足语文教学需求,所以被广泛地应用到高中语文教学中。高中语文教师纷纷尝试通过情境教学,激发高中生的语文学习兴趣,提高课堂教学效率,从而提升高中语文教学的质量。

一、情境教学之于"双新"课堂转型

"双新"课程改革为高中语文课堂带来了革命性的变化——从教师的"教"转为学生的"学",从知识教学转为素养培育,从传统的单篇教学转为大单元、任务群教学。

《普通高中语文课程标准(2017年版2020年修订)》(以下简称"新课标")[4]以语文学科核心素养为指导,设计了若干学习任务群,并以此为依据之一,设计了新的课程结构——分为必修、选择性必修和选修三个部分。在必修、选择性必修、选修三类课程中,分别设计了7~9个学习任务群。在 18 个学习任务群中，至少有 10 个都有相应的关于"情境"的要求。

同时，高中语文以"大单元整体教学"为基础内容，要求教师从更高的层面、更宏观的角度引导学生进行语文学习。在统整教学中，师生从"单篇"走向"多篇"，从"单一解读"走向"多角度解读"。对教师，尤其对学生提出了更高的要求。如何引导学生将语文知识转化为能力素养？光凭传统教学模式恐怕难以做到。而通过创设情境，可以在激发学生学习兴趣的同时，促使其对单元整体有更宏观的把握、更深刻的体验。温儒敏教授认为，统编本高中语文教材中就蕴含着"情境"，语文教师可以依据单元任务要求和学情需要科学地设计"情境"。

二、情境教学之于高中生心理特质

关于情境教学的研究与实践，以小学、初中学段居多，因为情境教学可以给学生更加真实而具体的体验感，有助于把复杂的问题简单化，把抽象的问题形象化。而高中阶段，应该注重学生抽象思维、逻辑思维、批判性思维、创造性思维等高阶思维能力的培养。那么，高中语文教学就不需要"情境"的支持了吗？

恰恰相反。高中阶段，学生的思维能力快速发展，虽然着重发展高阶思维能力，但是高中生在认识事物时，也是以形象思维为主的。通常，高中生和初中生、小学生一样，对具体可感的知识技能的认同感更强烈。可是，高中生在传统的教学模式下，情感体验缺乏、思维能力欠缺，他们无法感受到丰富的情感，也完全体会不到鉴赏语言的乐趣。

另外，高中生已经具备独立思考的能力，对于很多问题都可以提出自己的见解。劳伦斯·斯坦伯格认为，儿童通常每次只思考事物的一面，而青少年通常通过更复杂的角度看待事物。[5]然而，在传统教学模式下，语文教学局限在单篇单讲中，阻碍了高中生对学科问题的整体认知、深度思考，限制了高中生语文学科核心素养的提升。而"情境教学"能让高中生在课堂中获得整体、深入的学习体验，在过程中实现学科核心素养的提升，将已获得的知识与情境关联，将自我置入情境中分析现象、解决问题。

三、情境教学之于高考命题变革

近几年，语文高考试题、模拟试卷中"情境应用题"频出。评价新趋势"倒逼"教师更加重视情境教学。有些"情境应用题"需要学生整合各种知识技能才能完成任务；有些"情境应用题"模仿现实生活中遇到的问题，意在调动学生储备的语文知识和既有的语文能力；还有一些"情境应用题"呈现出情境的复杂性、多样性，由此为学生提供了个性化选择、体验的空间。

情境创设不仅是对课堂教学设计、任务群学习的要求，也是对评价、对命题的要求。因此，在大单元整体教学中，教师通过创设情境，促使学生将课程知识与实际生活相结合，强化学生对课程知识的掌握，培养学生的情感素养，同样也要基于情境进行评价与命题。

总之，高中语文教学需要情境的支撑。然而，关于情境教学的实践和研究大多集中在小学、初中学段，高中阶段较少。而且，在高中语文情境教学中，大部分研究只着眼于实践、沿用等方面，较少对前人的情境教学思想作进一步分析、阐释和反思，因而为我们留下了研究的空白和契机。

第二章 CHAPTER 2
"双新"背景下高中语文情境教学的困境

"双新"课程改革提倡"核心素养""以学生为主体""任务驱动""单元整合""自主、合作、探究"等教学观念。"双新"课程改革对高中语文教学提出了更高的要求，学生不仅是课堂中的接受者，更应是课堂中的参与者、实践者、创造者。教师要创造便于学生交流、互动的环境，创设提升学生语文素养的探究任务。因此，"双新"背景下的高中语文教学相较传统语文教学，对"教学情境"的要求更高。

第一节

高中语文情境教学现状

"双新"背景下的高中语文教学带着教师、学生走进一种新格局,对教学情境提出了更高的要求。而传统的、陈旧的课堂情境无法与之相匹配。通过对上海市三所高中"关于'双新'背景下语文课堂教学情境实施情况的调研"(表2-1~表2-3),发现目前"情境教学"实施过程中存在一些问题。

一、"情境设置"流于形式,无法产生真实体验

在调研的过程中,我们发现高中语文情境教学的实施情况不容乐观。随着新课改的推进,虽然越来越多的语文教师对"任务""情境"等概念有了更深的理解,但是在具体实施过程中常常将"任务""情境"作为摆设,不能将"任务""情境"转化为"真任务""真情境"。学生自然无法投入。

表2-1 调查问卷·学生卷(局部1)

题3	你认为高中语文学习可以在哪方面帮助你得到提升?			
选项	A. 知识、技能	B. 文学素养	C. 审美、文化	D. 应付考试
百分比	27%	18%	19%	36%
题5	你是否期待在语文教学中设置各种情境?			
选项	A. 非常期待	B. 比较期待	C. 一般	D. 不期待
百分比	28%	43%	20%	9%

（续表）

题6	老师通过哪种形式来创设语文学习的情境？			
选项	A. 图片、音视频	B. 诵读	C. 演绎	D. 游戏
百分比	53%	21%	21%	5%
题8	你觉得语文课堂实施情境教学的效果如何？			
选项	A. 非常好	B. 比较好	C. 一般	D. 不好
百分比	19%	21%	55%	5%

基于表2-1的数据，不难看出较多高中生对语文学习抱有比较强烈的功利心态。但是，学生却对语文情境教学怀有期待。这种情况说明学生仍然相信语文学习可以通过形式的改变重新焕发生机。但是为什么教师们尝试了那么多的形式，学生还是觉得效果"一般"呢？从调查的数据结果来看，情境创设的实施效果并不理想。其中的原因不仅仅在于学生，教师未能够科学地、有针对性地进行情境创设也是主要原因之一。

从表2-1中可以看到，一半以上的课堂通过图片、音视频来创设情境。很多教师片面地认为情境建构就是欣赏图片、播放音视频等。比如，讲到《荷塘月色》时就会播放相关的图片、音乐，让学生从视听感受中体会作者复杂的心境；教学《登泰山记》时就让学生观赏泰山相关的人文风貌，让学生感受景色之美。这些是传统课堂教学中常用的情境氛围营造的方式，但不一定适合"双新"学习任务群、单元统整的情境建构。情境教学是在一定的背景、场景中，触发学生思维，引发学生独特的个体体验。"双新"引领下的情境建构需要根据学生生活实际引入有利于激发学生个体体验的场景、环境。在这个过程中，教师也需要真正融入学生真实的学习环境，整合有效的学习资源，引导学生进行任务群的学习，而不是机械地沿用前人所谓的"情境教学法"，简单套用，局部点缀。

二、"情境设置"教师本位，忽略学生心理需求

课堂情境设置不能脱离学生实际。在情境创设中，教师只是一个引导者，学生才是真正的构建者。教师并非要让学生接受自己的"主观意志"，而是要让学生在"情境"中不受限制、自由自在地学习，提高他们的学习能力，这才是情境教学取得成功的充分条件。新课标要求教师在教学过程中要密切注意学生的身心发展变化以及规律，同时密切关注学生的认知发展水平。而情境教学这样一个需要学生全身心投入的教学模式，更是需要教师主动关心学生实际心理问题，以及思维发展的水平等要素。但在具体实施的过程中，这些要素又往往被忽略，从而导致情境教学的过程与学生的认知实际发生了偏差。

表2-2 问卷调查·学生卷（局部2）

题9	在情境教学时，你感受到的课堂氛围如何？			
选项	A. 活跃、热烈	B. 和谐、融洽	C. 平淡、安静	D. 无聊、沉闷
百分比	13%	28%	48%	11%
题10	在情境教学中，你能否融入课堂情感氛围中？			
选项	A. 完全能	B. 时常能	C. 偶尔能	D. 不能
百分比	12%	35%	41%	12%
题12	老师设置的情境，是否能激发你学习的兴趣？			
选项	A. 能	B. 时常能	C. 偶尔能	D. 不能
百分比	58%	23%	12%	7%
题13	老师设置的情境，是否能引导你深入思考、持续探究？			
选项	A. 能	B. 时常能	C. 偶尔能	D. 不能
百分比	23%	22%	40%	15%

从表2-2我们可以看出，经过教师的"情境"引导后，大部分学生能够由此产生兴趣，比较容易将自己情感投入课堂学习中，但是难以沉浸于教师所营造的情感氛围中。就算教师创设了一个情感饱满的课堂情境，有些学生似乎也难以持续性地、全身心地投入课堂学习中。劳伦斯·斯坦伯格认为，青少年对成人不再像儿童时期那般依赖，他们需要发展某种意义上的"自主性"，包括"情感自主""行为自主""认知自主"。[5]因此，"教学情境"构建的主体不仅是教师，更应该是学生。

三、"情境认知"囿于成见，忽视对课程资源的开发和利用

传统教学也非常注重"情境创设"，那么"双新"背景下的"情境创设"与之有何区别呢？新课标中指出："根据学生的发展需求，围绕学习任务群创设能够引导学生广泛、深度参与的学习情境。可通过多样的语文实践活动，融合听说读写，跨越古今中外……运用优质的素材和范例，激发学生的学习兴趣和动力，提高语言文字运用能力。"[4]由此可见，"双新"背景下的"情境教学"，不仅是为了激发学生兴趣、调动课堂氛围，更是为了提升学生的学习主动性和积极性，让学生在真实的情境中积极实践，促进学生在更广阔的语言环境中主动学习。而这样的"情境创设"，肯定离不开教师对课程资源的开发和利用。

表2-3　问卷调查·教师卷（局部）

题1	你认为在语文课堂中进行情境创设是否重要？			
选项	A. 非常重要	B. 比较重要	C. 一般	D. 不重要
百分比	34%	55%	10%	1%
题3	你在常规课堂中是否进行情境创设？			
选项	A. 大部分课堂使用	B. 小部分课堂使用	C. 偶尔使用	D. 不使用
百分比	12%	65%	21%	2%

(续表)

题 11	你认为传统情境创设和"双新"理念下的情境创设是一回事吗？			
选项	A. 完全一致	B. 几乎一致	C. 有区别	D. 无法区分
百分比	18%	57%	22%	3%
题 15	你认为情境教学实施的效果如何？			
选项	A. 非常好	B. 较好	C. 一般	D. 不好
百分比	13%	21%	49%	15%
题 18	在常规教学中你是否注重课程资源的开发和利用？			
选项	A. 非常注重	B. 比较注重	C. 一般	D. 不太注重
百分比	11%	19%	49%	21%

从表 2-3 的数据来看，不少教师认为情境教学对于高中语文学科非常重要。随着新课程改革的持续推进，很多高中语文教师也积极地在课堂上践行。但是，从问卷数据来看，不管是教师还是学生，大多觉得情境教学效果"一般"。教师问卷中第 11 题的数据非常能够说明问题：被问到"你认为传统情境创设和'双新'理念下的情境创设是一回事吗？"时，有 18% 的教师认为"完全一致"，有 57% 的教师认为"几乎一致"。数据说明，很多教师虽然积极地践行着"双新"课程改革，但是没有很好地领会新课标的精神，也没有清晰地认识到"双新"背景下的情境教学和传统意义上的情境教学的不同之处。新课标对我们提出了更高的要求。

当然，也有教师走向谬误的另一端，认为只需要创设针对大单元、大任务的大情境，而完全无视针对单篇教学中的小情境。事实上，大单元视域下的大情境应立足于单元整体目标与单元统整任务进行情境创设，而单篇教学视域下的小情境应立足于课文的特点进行情境创设。但是，不管大情境的创设，还是小情境的创设，都是为了让学生在真实的情境中积极实践，促进学生在更广阔的语言环境中主动学习。

第二节

高中语文情境教学研究内容

新课标对情境教学的要求更高。新课标也非常强调情境的创设。但是，现阶段的情境教学存在较多问题。比如："情境设置"流于形式，无法产生真实体验；"情境设置"教师本位，忽略学生心理需求；"情境认知"囿于成见，忽视对课程资源的开发和利用；等等。这些问题等待着我们去解决。

为此，笔者所在课题组从以下几方面展开研究。

一、"双新"背景下高中语文情境教学的现状分析和理论研究

查阅相关理论书籍，对国内外文献进行梳理，厘清"双新""情境""情境教学"等相关的概念、要素和理论依据，明晰概念之间的关系。

二、构建"双新"背景下高中语文情境教学的原则和策略

对接"双新"理念，明确高中语文情境教学落实"双新"理念的程度，根据校情、学情，构建"双新"背景下高中语文情境教学的原则和策略。

三、形成实施"双新"背景下高中语文情境教学的路径

在"双新"理念的引导下，形成有效的情境教学课程实施路径：①"双

新"背景下高中语文单元情境教学的路径。②"双新"背景下高中语文单篇情境教学的路径。③"双新"背景下高中语文信息化情境教学的路径。

四、形成"双新"背景下高中语文情境教学单篇和单元案例

结合教学原则、策略和路径,形成"双新"背景下高中语文情境教学单篇和单元案例。全面总结经验与成果,相关案例论文等研究成果公开发表,开展市级成果展示。

语文课堂教学改革如今正在经历由"以教为主"向"以学为主"的转变,对教师提出的要求也转向于引导学生积极地进行语言实践活动,设计出有针对性、有真实感、有实用价值的语文学习的情境,从而解决实际问题。

第三章 CHAPTER 3
"双新"背景下高中语文情境教学的内涵和理论依据

在新课标中,"情境"一词总共出现了30余次。新课标第二板块"学科核心素养与课程目标"中提到:"语文学科核心素养是学生在积极的语言实践活动中积累与构建起来,并在真实的语言运用情境中表现出来的语言能力及其品质。"新课标第四板块"课程内容"中提到:"教学以社会情境中的学生探究性学习活动为主,合理安排阅读、调查、讨论、写作、口语交际等活动。"新课标第六板块"实施建议"中提到:"语文实践活动情境主要包括个人体验情境、社会生活情境和学科认知情境。"[4]在新课标中,情境被赋予了新的内涵。

第一节

"双新"背景下高中语文情境教学的内涵

新课标中提到各种情境，比如"真实情境""社会情境""综合性学习情境""实践活动情境""个人体验情境""社会生活情境"。"情境"的类别似乎很多，情境究竟是什么呢？每个人的理解不尽相同，但又似是而非。

本书所研究的情境教学是"双新"课程改革下的产物，在继承前人理论的基础上，又有了新的内涵。

一、概念

（一）情境

王昌龄在《诗格》中，对"情境"的诠释是"有情之境"。《现代汉语词典》对"情境"的解释是"情景、境地"。《辞海》对"情境"的解释是"情景"。不管前人还是权威，对情境的理解是趋同的，既然情境有"境"也有"情"，那么教学情境就不仅指客观环境，还应该有人参与其中，共同作用于环境，形成的某种情感氛围。

（二）情境教学

李吉林老师认为：情境教学是从情与境、情与辞、情与理、情与全面发展的辩证关系出发，创设典型的场景，激起儿童热烈的情绪，把情感活动和认知活动结合起来的一种教学模式。[6]学者韦志成在《语文教学情境论》中提到:"情境教学,指在教学过程中为了达到既定的教学目的,从教学需要出发,引入、制造或创设与教学内容相适应的具体场景或氛围。"[2]学者文学荣在《新课程下教师课堂教学情境创设能力培育与提升》中提到:"教学情境是'情'与'境'的融合,是为达到既定的教学目的,从教学需要出发制造或设定与教学内容相适应的场景或师生共同营造的课堂情感氛围。"[7]

从前人的研究中,我们不难发现,研究者们对情境教学的内涵的理解已经较为完整和成熟。他们不仅意在创设一种具体或典型的场景,而且着力营造一种课堂的情感氛围。也就是说,在研究者眼中教学情境不仅仅是客观的环境、场域,而是连同客观环境与教学主体(学生、教师)不可分离,浑然一体。如果要把构成教学情境的要素进一步细化,笔者认为,学生、教师、环境、内容缺一不可。只有主观因素与客观因素有机交融,才能构成真正意义上的情境教学。

除此之外,我们发现在以往学者们对情境教学的定义中,特别强调情境创设必须与教学目标、教学内容相契合,这对于当今"双新"课程改革背景下的情境教学,仍然极具启发意义。

(三)"双新"理念下的高中语文情境教学

在"关于'双新'背景下语文课堂教学情境实施情况的调研(教师卷)"的数据分析中,我们发现18%的被调研教师认为传统情境创设和"双新"理念下的情境创设完全一致,57%的被调研教师认为传统情境创设和"双新"理念下的情境创设几乎一致。

所以说,我们的研究首先要区分的是传统情境创设和"双新"理念下的情境创设有何区别?和"双新"理念下的高中语文学科的情境创设又有何区别?

1. "双新"理念下的情境教学不同于传统的情境教学

北京师范大学教授王宁指出："我把这个真实情境概括为——从所思所想出发，以能思能想启迪，向应思应想前进。"[8]就是说，情境创设需要着眼于学生真实的问题与困惑，设计学生能够接受的学习活动，解决问题，完成任务。高中语文新课标发布以来，大单元、大任务、真情境成为当下引领语文教学方式变革的新理念。

在任务教学中，过去琐碎的小问题被大任务所代替。而真实的学习任务让学生完全置身于复杂的情境中，面对各种的困难挑战，学生解决实际问题的能力将得到最大程度的提升。

在大单元教学中，学生从"单篇"走向"多篇"，从"单一解读"走向"多角度解读"，学生不得不在"大情境""小情境"中自由切换，找到平衡。

基于"大单元""大任务"的情境教学能够更好地发展学生的系统性思维、整体性思维和批判性思维，能够在言语实践中锻炼学生的语言表达能力，能够培养学生解决复杂问题所需的语文关键能力和必备品格。这些都是传统教学情境难以企及的。

2. "双新"理念下高中语文的情境教学更加不同于传统的情境教学

曾听闻小学、初中语文教师调侃：高中语文还需要情境教学？如此言论只能说明其认知有误区，他们对情境教学的认知还停留在"运用具体生动的场景，以激起学生主动的学习兴趣"的层面。

所谓的高中语文情境教学，就是要根据高中生的心理特点、生理特点、思维发展水平，来创设符合青少年特点的教学情境。当然，高中生也需要生动的教学情境来激发他们的学习热情。但是，让这种学习热情持续燃烧、深度炙烤的方法不仅来自兴趣的激发，而且来自真正能触动其高阶思维并促使其独立思考、自主探究的情境教学。

关于情境教学，在小学、初中学段研究较多，在高中学段的研究和运用大多是对初小阶段情境教学的沿用,缺少高中学段创新,缺少高中学段特色,忽略高中生的身心特点与思维发展水平。

二、要素

关于情境教学的构成要素,说法较多。学者文学荣认为教学情境的要素包括"具体的场所(教室环境)""景象(课文文境)""境况(学生心境)"[7],这一说法和新课标中对"情境"的阐述比较接近,也和目前主流的观点较为接近。基于此,笔者认为情境教学的构成要素主要是学生、教师、环境和内容。

教师虽然不是构成情境的主体,却是情境教学中非常重要的因素。在"双新"背景下的高中语文教学中,教师作为情境教学的设计者,需要精选教学内容,结合教学手段、教学工具、具体场景,组织各类教学活动,促使学生形成最佳的情绪状态,主动投入、主动参与,从而获得主动发展。就如韦志成在《语文教学情境论》中所述:"情境教学是从教学的需要出发,教师依据教材创设以形象为主体,富有感情色彩的具体场景或氛围,激发和吸引学生主动学习,达到最佳教学效果的一种教学方法。"[2]

学生是构成情境的主体。在"双新"背景下的高中语文教学中,不管教师预设怎样的情境,都应该顺应学生的认知规律,其最终目的是感染学生,让学生从中获得感悟、生成认知。在情境教学中,学生是学习活动的主体,只有学生在学习活动中主动接受知识、主动探索、主动反思、自我操练,才有可能构成情境教学。

学生学习的状态与效能是与环境联系在一起的,能保证主体主动学习的环境才是最佳环境。学习情境的创设依赖于教学组织,而学习环境为学习情境创设提供各种物质、资源、空间等支持,使得教学组织能够有序、有效地进行。

教学情境中的内容要素，固然包含教师传授给学生的知识和技能，以及灌输的思想和观点。但是，在"双新"背景下的高中语文教学中，更多的是指向教学过程中同师生发生交互作用、服务于教学目的达成的"动态生成"的素材及信息。

三、类别

要实施情境教学，首先要清楚教学情境有哪些分类。

李吉林老师认为，根据刺激物对学生感官或思维活动所引起的不同作用，教学情境大致分为实体情境、模拟情境、语表情境、想象情境和推理情境。

学者韦志成认为，教学情境的分类有直观情境、问题情境、推理情境、想象情境和语言情境。[2]

学者文学荣认为，教学情境的分类有问题情境、生活情境、合作情境和探究教学情境。[7]

学者冯卫东、王亦晴则结合教学时代要求，将教学情境分为故事情境、问题情境、生活化情境、角色扮演情境、激励情境、民主情境、幽默情境、激情情境、导读情境、实物情境、游戏情境与多维互动教学情境。[3]

在学习了相关理论，查阅了众多文献之后，笔者发现专家、学者们不约而同地都提到了这几种情境——直观情境、实物情境、生活情境、问题情境、任务情境、语表情境、语言情境、想象情境和推理情境。

对以上概念作了辨析后，我们进一步"精简"。

关于直观情境和实物情境。所谓直观情境，就是把教学内容变成具体可感的东西。比如实物直观、物象直观等，所以直观情境的内涵更丰富。

关于语表情境和语言情境。所谓语表情境即运用语言表述的情境，而语言情境指的是语言环境，所以语言情境的范围更广。

关于任务情境和问题情境。新课标在"教学建议"中提出："根据学生的发展需求，围绕学习任务群创设能够引导学生广泛、深度参与的学习情境。"在"评价建议"中提出："设置一组有内在联系的、指向核心素养的问题或任务。"[4] 任务可以呈现或隐含带有情境的问题，以问题分解单元任务，教师设计单元任务，继而要把任务转化为问题，让学生在活动中去解决问题。

关于直观情境、任务情境、问题情境、生活情境和语言情境。"直观""任务""问题""语言"均属于外在的环境或者条件，因为外在的环境、条件的刺激，形成了不同的情境。

关于想象情境和推理情境等。类似这样的情境还有很多种类，诸如激情情境、幽默情境、思辨情境等，举不胜举。为什么会有那么多情境类型？主要还是因为其立足于学生在学习中产生的思维活动和情绪体验，所以按照学生的思维、体验进行情境分类，必然缺少一些边际感，不如统一概括为"体验情境"。

根据以上分析，本书所探索的情境教学，主要基于直观情境、任务情境、问题情境、生活情境、语言情境、体验情境等方面。同时，这些情境类型和新课标中所提及的体验情境、生活情境、认知情境基本契合。

第二节

"双新"背景下高中语文情境教学的理论依据

一、"核心素养"理论

"双新"课程改革的核心词就是"核心素养"。欧盟 2005 年发表的《终身学习核心素养：欧洲参考架构》正式提出终身学习必备的八大核心素养以及贯穿于人才核心素养之中的共同能力，如批判性思维、创造力等。我国在新一轮基础教育课程改革中，也必须构建适合我国基本国情的核心素养体系。教育部2016年发布的《中国学生发展核心素养》中指出，核心素养以培养"全面发展的人"为核心，分为文化基础、自主发展、社会参与三个方面，综合表现为人文底蕴、科学精神、学会学习、健康生活、责任担当、实践创新六大素养。

（一）形成自主学习的氛围

根据核心素养理论，教师营造教育教学环境，让学生在某种氛围中逐步形成能够适应社会的个人综合、关键必备的能力和品质，强调教师的引导性和学生的主体性。学生在教师的指导下，主动寻找学习契机，自主确立学习目标、选择学习内容，自主成长，学会学习。教师要将教育的材料、教学的办法和教学的工具等渗透到生活中的每一个角落，营造一种大的生活环境，鼓励学生实践创新。

（二）在情境中形成高级能力

核心素养理论不仅关注素养的发展结果，同时也强调素养的形成环境或条件，用系统的观点去审视那些对个人健康发展和社会持续发展均具有重要价值的必备品格和能力。"核心素养"也被称为高级能力，是指人面对复杂问题情境时作出明智而富有创造性的判断、决策和行动的能力。根据斯滕伯格的"智力三元论"，完整的素养结构必须涉及情境。也就是说，个人在问题情境中运用已有的知识分析资料，通过思维、判断推理来解决实际生活中的问题，从而形成能力素养。

因此，要提高高中生的核心素养，形成高中生的高级能力，离不开情境的创设。

二、"建构主义"理论

研究情境教学绕不开"建构主义"理论。情境教学基于"建构主义"理论研究的基础，将创设情境作为教学的重要方式，帮助学生超越现阶段的水平达成下一个发展目标。

（一）主客体协调说

皮亚杰认为，儿童智力在本质上是一种思维结构，是主体对客体的协调作用。

智力是一种适应过程，适应要使事物同化于主体。学生正是在这种适应中，使认知结构不断重组，从而促使智力由低级向高级发展。也就是说，儿童与周围环境不断接触，由此产生了主客体之间的联系，儿童的认知发展便表现为主体认识结构与客体的平衡，这是智力发展最重要的内部因素。

因此，在教学中，不能一味地由教师向学生传授知识、技能。学习的过程是学生和环境之间的一个互动的过程，是一个学生自身主动构建的过程，在主体与客体相互协调的过程中，形成了情境。任务、互动、情感均与教学环境有着密切的关系，而这种环境主要表现为教师营造一个相对熟悉的场景，在此基础上学生和场景建立某种联系，从而完成情境的构建。此外，"建构主义"理论倡导以学生为中心，让学生在情境中进行知识建构。

（二）活动教学法和同伴影响法

皮亚杰还倡导活动教学法和同伴影响法，认为教学中的活动法是儿童教育的最重要的原则。同伴间的相互交流、相互影响对儿童的成长有着重要作用。布鲁纳也认为，要引导学生自己去发现未曾认识的观念间的关系及规律性，主张教学过程中要让学生学会学习，自己发现，得出答案。

总之，对于情境教学来说，"建构主义"理论奠定了教学中学生的主体地位。在高中语文教学中，情境教学要求营造与学生认知和情感相互触动的情境，引起学生主动的学习欲望，构建以学生为主体的课堂氛围。

三、"青少年智力"理论

在问卷和交流的过程中，部分教师认为小学、初中阶段的教师应该重视情境教学这种教学方式，对高中语文教学而言，可有可无。而事实恰恰相反！

（一）青少年的社会认知

劳伦斯·斯坦伯格教授认为，青少年在可能性的思考、多角度思考以及抽象思维等方面的进步让他们在思考社会问题时更加成熟。与儿童相比，青少年对人际关系的概念更加成熟，对人类行为的理解更高级，对社会制度和组织的想法也更加复杂，理解他人的思维能力也有很大程度的发展。劳伦斯·斯坦伯格的心理理论中提到，青春期个体发展出一种对他人个性和精神状态的微妙理解，这是脑部心智化能力发展的结果，这种能力让高中生能够理解他人的精神状态，认识到他人的信念、目的可能和自己不同，更能够理解其他人的感受并推断出他们的动机和欲望。

也就是说，高中阶段的学生相对于低学段学生而言，更能理解其他人对某个问题的看法，也更能理解别人对自己观点的看法，由此也促进了高中生的交流能力的提高。所以，高中阶段的学生相对于小学、初中阶段的学生更渴望、更适合在相对真实的社会、生活情境中，进行思想、情感的交流和碰撞；也更适合在教师设置的复杂任务中，整合知识经验，利用高阶思维，完成任务、解决问题。

（二）高中生的性格特质

相对于低学段学生的活泼好动、热情奔放、富有想象力和创造力，高中阶段的学生更加内敛、被动、拘谨、紧张。这固然和传统教学单一的口耳相传灌输式的教学方式有关，但也与这个年龄阶段的学生性格特质有关。高中生虽然自我意识强烈，渴望交流，更渴望被人理解和关注。但同时，他们的独立感增强，自尊心和自我保护意识更加强烈，不愿意把自己的内心轻易表露出来。其于课堂上的表现往往是：不愿意和他人交流，也不愿轻易展示内心想法和情感；当困难和矛盾得不到解决时，往往因焦虑而自卑。这种"闭锁心理"往往出现在高中阶段。从某种程度上说，高中生更不容易挣脱传统教学模式的束缚，因此，教师要促使他们从真实的生活中获取给养，从"情境"中重拾激情。

四、"情知对称"理论

所谓情境，不仅指教学主体所处的客观环境、场景，更重要的是教学主体和客观环境相互作用之后所产生的一种情感氛围。

在20世纪80年代，我国学者提出了"情知对称论"。[9] 提出这一理论的重大价值在于，它让"教育心理化"这个一直困扰着我们的"抽象论题"变得"具体可感"。"情知对称"理论从心理学的角度，把学生的学习活动中的心理因素分为两类：①认知因素，即感知、理解、想象、思维、记忆，也就是我们通常所说的智力因素；②情感因素，即动机、态度、兴趣、情绪、情感、毅力等，也就是我们常说的非智力因素。这两类因素在学生学习的过程中合二为一。也就是说，在学生认知的过程中，必须伴随着正向的"情绪"和积极的"情感"。劳伦斯·斯坦伯格讲述过这样一个现象：巴西年轻的街头商人，他们可能在数学知识的标准测试中表现较差，但在与顾客交易的过程中，却能自如地运用复杂的数学技能。[5]这些街头商人在传统课堂中，数学学习能力并不出众，但是他们一旦处于现实的生活情境中，在数学方面的认知能力就发生了极大的变化。这说明什么？街头商人出于实际生活中的迫切的需求，不得不调动其所有的知识和经验，在最短的时间里作出最有利于自己自身的反应，在这种反复而多变的交易行为中，他的思维能力得到了快速的提升。

在认知因素中适时地融入情感因素，实际上是调动学生左、右脑同时投入学习，激发学生以情感需要为核心的一切因素，以此有效地推进认知活动。情绪心理学认为，个体的情绪、情感对认知活动至少有动力、强化和调节三方面的作用。正向的"情绪"和积极的"情感"对认知活动起着积极发动和促进的作用。

基于以上理论依据，我们展开了"双新"背景下高中语文情境教学的进一步的探索和实践。

第四章 CHAPTER 4

构建"双新"背景下高中语文情境教学的原则和策略

开展高中语文情境教学,提升教学成效,必须遵循相应的原则。首先要遵循新课标的引领,赋予情境更丰富的内涵;其次要符合学生身心特点,赋予情境学段使命;同时情境教学也要促使学生渗透情感、推动学生深度思考、有利学生探索交流。在此基础上,构建起"双新"背景下高中语文情境教学策略。本章通过借助真实环境带入情境、运用有效教法优化情境、通过合作交流创生情境、巧设测评情境形成"闭环"、融合线上线下构筑"生态"等方面的研究,探寻情境教学的有效策略。

第一节

构建"双新"背景下高中语文情境教学的原则

一、遵循新课标引领

新课标的颁布实施，试图改变过去那种相对封闭、偏狭的教学状况。不难看出，新课标更关注的是学生整体素质的发展，而不仅仅是知识技能；更关注的是学生学习的过程，而不全然是教师的教学。所谓的语文"核心素养"绝对不仅仅是技能性的要求，而是整体素质的要求，包括"语言的建构与运用""思维的发展与提升""审美的鉴赏与创造""文化的传承与理解"。为了实现核心素养目标，新课标倡导的是启发式、探究式、合作式、参与式的教学，营造独立思考、自由探索的教学情境。

高中语文情境教学就是基于这样的"土壤"孕育而生的。即便"情境"这个概念在20世纪80年代就在我国生根发芽、开花结果，但是新课标中的"情境"被赋予了更丰富的内涵。教师绝对不能戴着"双新"背景下情境教学的"帽子"，行传统教学之实。

当然，在情境教学中教师更要注意把握适度的原则。既要创设新课标引领下的情境教学，也不能将情境作为教学的全部追求，甚至流于形式。比如：有些教师，擅长运用媒体进行情境教学，但是用得太多、太滥，不仅浪费教学时间，也会分散学生的注意力，起不到应有的作用。这就远离了初衷，也违背了新课标的要求。

总之，教师在设置教学情境时，必须领会新课标的精神，遵循新课标的引领，使学生始终保持新鲜感，保持盎然的学习兴趣，提高上课效率，提升教学效果。

二、符合学生身心特点

创设教学情境，必须符合学生身心特点。不同学段，学生的身心特征、思维方式不尽相同。初小阶段的学生具体形象思维占优势，但是自觉性和注意力略逊，为了吸引学生的注意力，教师往往通过生动可感的实物或者有趣的故事，诱发学生学习兴趣，调动学生的积极性。那么，对于高中生呢？学习目标相对明确，抽象思维能力渐强，自我意识强烈，或许高中语文教学也需要借助外物激趣，但是同样的手段，应该有不同的用法。

从现有的探索和实践中发现，从小学到初中直至高中，教师创设情境的策略，基本集中为这样几种：生活展现、实物演示、图画再现、音乐渲染、表演体会、语言描绘。[10] 虽然前人的做法应该传承，值得沿用，但是学段不同，学生的心智发展不同，自然赋予这些策略的内涵也应该不同，教师不能照搬来用。

各个学段教师所设计的情境必然是本学段的学生经过探索后，能够触碰到的地方。如果情境的设计超越了学生的心智范围，或者够不上学生的思维发展水平，那么这样的情境教学必然是失败的。就像维果茨基所认为的，教学的本质特征不在于训练和强化已经形成的内部心理机能，而在于激发、形成正处于成熟过程中而又未完成成熟的心理机能。其实，在学生心理发展的各个方面都存在着"最近发展区"。

因此，每个学段在进行情境教学时，必须思考：是否符合本学段学生身心特点。

三、促使学生渗透情感

一次好的情境教学必然能充分调动学生参与学习活动的情感。教师只是设计了教学的"境",而"情境"的构建,主要还是靠学生来完成。那学生如何构建呢?最基本的要求就是学生情感的投入。

情境教学既有"境",也有"情"。没有教学主体(学生)的"情"渗透其中,就无法称其为情境,更无法实施情境教学。

而学生是否能全情投入、主动构建,主要取决于教师。

首先,教师要用自己的情感体验来感染学生。也就是说,教师在课堂中,不强调枯燥的字、词、句、篇的理解和记诵,不进行单纯的机械讲解与灌输,而是让学生在教师真切的情感熏陶下真实地感受课堂。

其次,教师在实施情境教学之前,对教学信息进行加工时,必须确认高中生愿意接受的情感度,针对高中生的情感需要,发出刺激信息,使他们的感官产生满足和愉悦。而且,随着课堂教学活动的推进,教师时刻关注学生情感需求的变化,灵活地调整刺激信息,动态生成,以保持高中生在情境教学中的"情感饱和度"。当然,情感渗透必须和认知同行,这样才能同时获得心灵的愉悦感和求知的获得感。

高中语文教学就是带领高中生体会真情、获得熏陶。情感体验,不仅为心灵提供养分,而且让学生始终保持最佳学习状态。

四、推动学生深度思考

一次好的情境教学必然能催生学生深层次的思考。教师在"双新"背景下创设的高中语文情境教学,要符合"推动高中生深度思维""培养高中生高阶思维"的原则。

首先，这是高中语文新课标的要求。

新课标提出：不仅要提升高中生的直觉思维、形象思维，更要提升高中生的逻辑思维、辩证思维和创造思维等高阶思维；同时要促进深刻性、敏捷性、灵活性、批判性、独创性等思维品质的提升。新课标把对高中生思维的培养提到了新的高度。

其次，这也是高中语文新教材的要求。

高中语文新教材由"单元"构成，每个"单元"都有相应的"任务"。相对于以往的逐篇讲解、碎片化教学，现在提倡的是"单元""任务"式的统整、贯通教学。而"单元""任务"对应的是"情境"。"单元""任务"下的"情境"应立足于"单元目标"与"单元任务"进行情境创设。

也就是说，语文教学在"真情境""大情境"的帮助下，引领高中生在生活中开展语文实践活动，这大大拓宽了传统情境教学的范围，帮助语文教学搭建出课上课下一体化的教学实践模式。同时，"真情境"教学对比一般的情境教学，在课堂上也会赋予高中生更多的自主实践权利，使他们真正成为教学活动的主体。在"真情境"教学下，真正意义上的"深度探索"不再是高中语文教学中的"点缀"，而是高中语文教学的基本组织形式，最终催生高中生的深度思维和高阶思维。因此，在"双新"背景下高中语文情境教学创设必然指向高中生的高阶思维的培养。

五、有利学生探索交流

新课标中强调自主、合作、探究是学生重要的学习方式。教学不应该是简单地"给予"，而是要引导高中生自主"获取"。如果不让学生自主探索，学生永远只能处于被动的学习状态中。而有效的教学情境可以让高中生完全沉浸其中，主动发现问题、探索问题、交流想法、解决问题。而且，在情境教学中，教师常常通过小组合作协同解决问题，鼓励学生在合作交流中学会学习、学会研究。因此，真正有效的情境教学的创设，必须遵循有利于学生探索交流的原则。

第二节

构建"双新"背景下高中语文情境教学的策略

对于情境教学的策略研究即情境创设，大多教师遵循的是李吉林老师所倡导的六种策略：生活展现、实物演示、图画再现、音乐渲染、表演体会、语言描绘。这些经典做法，非常值得大家学习借鉴。但是我们在这里探讨的是在"双新"背景下高中语文"情境教学"创设的策略，要特别关注两点：一是在"双新"背景下，二是针对高中语文学科。

新课标颁布以来，"大单元""大任务""真情境"成为如今引领语文教学方式变革的新理念，教师们逐渐认识到结合真实情境来创设学习任务势在必行。尤其是基于"大单元""大任务"的情境化学习可以充分发展高中生的整体思维、高阶思维，能够在实践中锻炼高中生的语言表达能力，能够培养高中生解决复杂问题所需的语文能力及必备素养。

高中阶段的学生相对于低学段学生，已经具备独立思考的能力，对于很多问题都可以提出自己的见解，也更能理解别人对自己观点的看法，由此也促进了高中生的交流能力的提高。青少年比儿童更善于思考抽象的概念，更善于综合处理大量的信息。因此，高中阶段的学生相对于小学、初中学段的学生更渴望、更适合在相对真实的社会、生活情境中，进行思想、情感的交流和碰撞；也更适合在教师设置的复杂任务中，整合知识经验，利用高阶思维，完成任务、解决问题。从某种程度上说，高中生更需要挣脱传统教学模式的束缚，从真实的生活中获得给养，从"情境"中重拾激情。

一、借助真实环境带入情境

"大单元""大任务"是高中语文新教材的一大特色，是语文教学走向综合、实践的一大尝试。"任务驱动"具有天然的综合性，它既是内容，又是形式，更体现了教学的组织方式。"任务"是对知识、体验、情感、思维的综合，一项"任务"的开展应该为学生带来多项收获。"单元任务"的开展必然依托于情境。"大单元"教学下，我们需要为"单元任务"提供一个"真实的环境"或者"相对真实的环境"，通过"真实的环境"，把学生带入情境教学中。

（一）联系生活展现情境

新课标要求"任务"在"真情境"中落实，所以教师常常从"真实生活情境""模拟生活情境"中寻找教学契机。"真情境"是课上与课下、校内与校外学习情境的综合，让渗透着日常生活的"真情境"融入高中生的语文学习中，借助生活这股活水来促进高中语文的学习。

比如，"信息时代的语文生活"这一单元的单元任务是从一则热搜中认识新闻与媒介。教师有意识地启发学生从自己常用的应用软件，比如抖音、微信等平台中选取感兴趣的热搜内容，比较其语言特点，搜索相关平台知识，分析一则热搜成形的过程。由此形成对热搜"热度"的思考以及对热搜"精准推送"的思考。学生在自己较为熟悉的环境中，尝试对相关信息平台的语言特色进行分析。同时，学生参与转发热搜新闻，并且在转发过程中对新闻生产的过程进行记录，在实际操作中，学生完全把握了新闻生产的基本特征。学生将自己在实践中获得的成果整理成演示文稿，在后续的课堂上与同学展开交流，在互动中进一步升华认识。整个学习过程以校外的情境实践为主，并在课堂分享的过程中实现升华，由此学生实现了对新闻生产的初步认识，并对新闻写作有了一定的了解。

教师通过构建"现实"或者"模拟现实"等不同类型的情境，和学生一起创设探究型、合作型、表达型、反馈型等多项子任务，对于提升学生的核心素养有着极其重要的作用。教师通过此类情境，培养高中生的主体参与意识、解决问题意识、操作意识等。这些意识与能力的培养，也是"双新"课程改革的目标所在。

（二）利用资源渲染情境

新课标要求"任务"在"真情境"中落实，但是我们无法确保每一项任务都在"真实生活情境"或者"模拟生活情境"中展开。因此，利用各类教学资源，尤其整合各类多媒体资源来拓展教学空间、渲染任务情境，就显得非常重要了。在大单元统整教学中，教师应该尽可能减少自己的讲解时间，通过整合各类资源，为学生创设良好的学习情境，提高学生自主学习的效率。

从表2-2所列问卷调查中，我们发现高中生在传统语文教学中，参与度不高，自我表达的欲望不强，缺少语文学习的热情等。其实，并非高中生不愿意参与，而是其被束缚在有限的学习文本中，无法获得各种渠道的学习资源，无法获得更丰富的情感体验、更深刻的思考。

高中大单元教学的内容往往贯穿古今，联系中外。一方面，在开发阅读专题教学资源时，应结合教学的内容尽可能地开发相应的可以供高中生选择和利用的学习资源。比如：在进行"中国革命传统作品专题研讨"时，学生首先需要搜集的是中国革命时期有哪些作家作品，而有一些作品实际上学生是很难仅凭自身力量搜索到的，这就需要语文教师帮助学生挑选、辨别，甚至提供相关学习素材，尽可能多地开发这方面的教学资源。

另一方面，要提供学生各类资源，就要尽可能扩大教学资源的开发空间，而信息技术的合理运用是实现这一目的的重要手段。数字化教学资源是教育信息化建设和发展的重要内容，也是构建数字化教学环境、实现数字化教学和学习的关键。尤其"大单元教学""专题教学"需要补充大量课外教学资源，数字化教学资源为"单元统整""语文专题"的情境教学提供了可能。例如：笔者在"文学创思"专题教学中，通过数字化教学资源，优化了课堂情境（图4-1）。项目组教师在进行"网络情境下的驳论文"专题教学时，利用数字化教学资源创设教学情境，获得较好的效果（图4-2）。

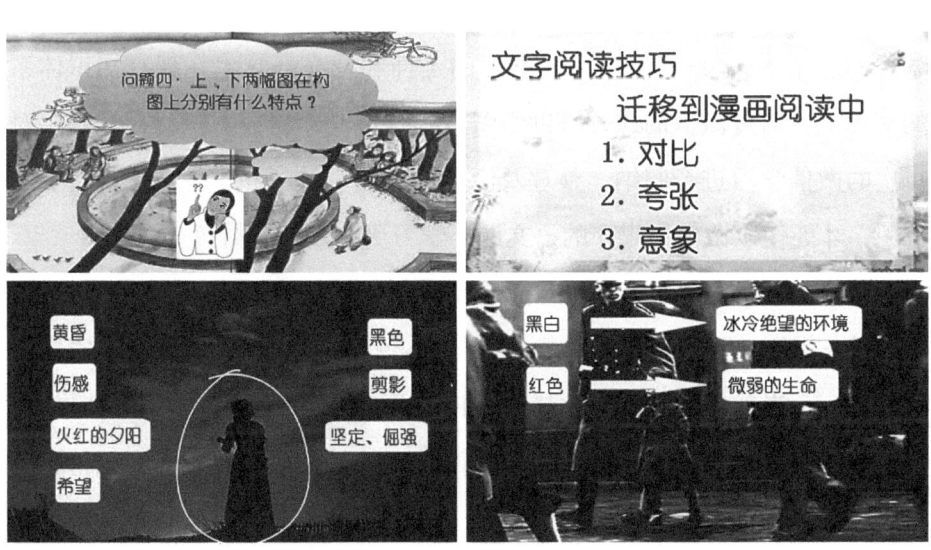

图4-1 "文学创思"专题教学

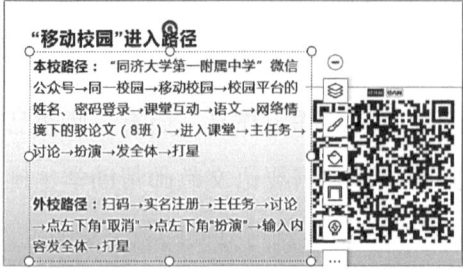 

图 4-2 "网络情境下的驳论文"专题教学

除此之外,在"微信学习"中也能给学生提供大量学习资源。很多语文教师都把"微信学习"看成是一种资料的分享。[11]这似乎告诉我们,微信的辅助功能仅仅在于提供了更便捷的浏览方式以及更丰富的阅读量。当然,不少教师表示,面对微信平台大量原创和转发的文字,教师要懂得帮助学生筛选。但是,仅仅筛选还不够,语文教师还要懂得规划。语文学科深厚的素养、高雅的品位不是靠一时兴起形成的。因此,通过微信等信息化平台辅助学习要具备以下几个条件:每次学习应有少量的学习任务,有任务才有动机,有动机才有学习的持久性;微信学习专题的展开应以课堂学习的脉络为"母体",是课内学习的延伸和补充,学生在现有知识体系的基础上,通过微信的课外辅助学习进一步感悟、研究、探讨;教师要对每次的微信学习进行归纳、整理及简单的反馈。教师和学生唯有强化专题意识,才能使以微信为媒介的语文课外学习更有效、更持久。

以笔者所任教的班级开展"名家散文推荐交流"专题为例。

任务很简单:每人推荐一篇名家散文并提出有价值的问题供大家思考(图4-3)。当然,即使没有这样的"任务驱动",相信也有学生热情推荐,但是热情终究会归于平淡。要让讨论群散发勃勃生机,没有人为的持续助力,恐怕不行。

从图4-4看到,问题一出,提问者不仅收获了其他同学的评论,还

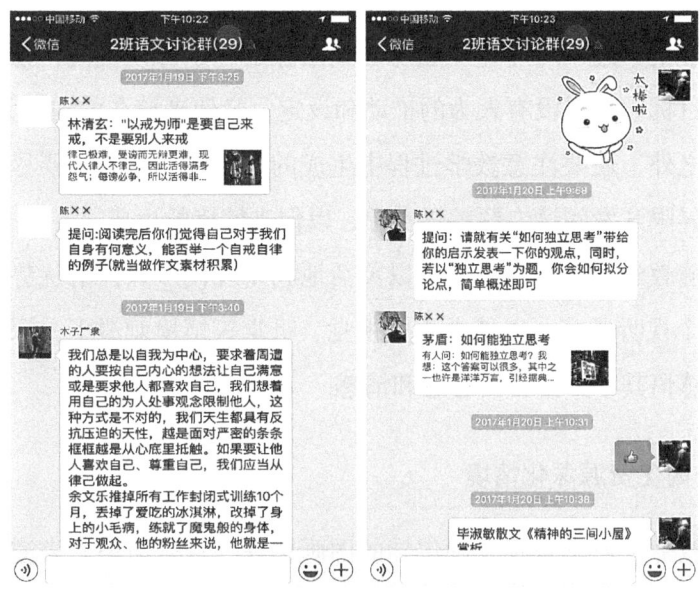

图 4-3 "名家散文推荐交流"专题"资源分享"

图 4-4 "名家散文推荐交流"专题"素材探讨"

得到了各种正面的反馈。外在的任务驱动和群体对个体的认可同时发生作用，使内在的兴趣绵延不绝。就像马斯洛在解释学习动机时，强调动机来自特殊的目标。如果没有人为的推动和设定，又何来持久的内驱力？

除此之外，还要注意教学过程中生成的资源等。总之，要尽可能地打破时空的界限开发阅读专题教学资源，以促进情境的生成。

在情境教学模式下，教师可以灵活地利用现代多媒体的优势，给学生打造一个个视听盛宴，以使学生在视觉、听觉等情境刺激下，深刻理解文章内容，感悟其中所蕴含的思想和情感。

（三）内化资源深化情境

大多教师遵循李吉林老师倡导的图画再现、音乐渲染、表演体会、语言描绘等方法来渲染学习氛围、激发学生学习兴趣。

在教学《荷塘月色》时，教师通过悠扬的旋律和优美的画面带学生进入朱自清"月下荷塘"的景致中。在教学《鸿门宴》时，教师在梳理文本大意后，为进一步加深学生的印象，指导学生重新摆放教室的桌椅，把教室布置成鸿门宴的场景，以文具作刀剑，以作业本当酒菜，组织学生进行角色扮演，在讲述到相关情节时，为了营造出一种紧张的氛围，教师及时播放古乐渲染氛围，激发学生内在的情绪和情感。在教学《声声慢（寻寻觅觅）》时，教师在引导学生初步了解了词人的情绪后，播放了《一剪梅》等相关音乐，并且介绍这首词的相关背景，以便学生能更真切地感受到李清照与丈夫相望而不相见的痛苦。

的确，图画、音乐、视频、角色扮演等可以给学生最直观的印象。这些都是激发学生兴趣的方式，也是情境教学中极为有效的手段。

但是，对这些手段的运用，绝不能仅仅停留在"渲染氛围""激发兴趣""提升情绪"，尤其对于高中生。如果教师对这些外在手段的运用仅仅徘徊在课堂教学的"外围",而不能进一步作用于课堂教学的"核心",长此以往,"情境"在高中生眼中,必将沦为"儿戏"。那么,如何内化资源、深化情境呢?

比如,在教学《琵琶行》时,经过教师的全面讲解后,学生对某些诗句的理解仍然存在困惑,比如说"东船西舫悄无言,唯见江心秋月白"。有些学生不明白,为什么音乐停止了?不是掌声雷动,而是定格在江中的秋月?为此,教师引入电影《勇敢的心》的片段。教师借电影中男主人公被行刑后不见"人头落地",取而代之的是一方"缓缓飘落的白手帕"的"蒙太奇镜头",由此启发学生思考在文学作品中是否也会出现类似的情况,最终促使学生主动推导出诗歌中作者的用意:音乐虽然停了,但是人的情感还在涌动,而这轮"江中明月"恰如其分地寄托了诗人的情感、听众的情感,甚至读者的情感,使情感有了"载体"。因此,媒体资源在这里所起到的作用是进一步促进学生主动探索文本中的内涵,从而使学生深度地、持续地沉浸在课堂情境之中。同样,在教学《江城子》时,大多数学生为之感动,却不明白自己何以被感动。为了让高中生们深度解读这首词的动人之处,教师通过若干电影片段,引导学生关注电影中如何运用蒙太奇手法营造梦境、回忆、闪念、幻觉等效果,从而推动学生主动思考、探索在诗歌中作者如何连接现实和虚幻,在虚实相生中拓展时空,成倍地增强了情感的张力。

由此可见,各种调动感官的课外资源不仅可以作为课堂学习的"导入",也可以作为深入学习的"支架",内化为课堂学习内容的一部分。

再比如,在统编教材必修下册第二单元中,教师设计的一项单元任务为"探索戏剧中次要人物对主要人物的作用"。为了让学生更深入地理解次要人物对主要人物的作用,教师提供了与之相关的研究文本和影视资源。

在这一戏剧单元中,教师向学生提供了较为丰富影视资源。该单元的三篇课文《哈姆莱特（节选）》《窦娥冤（节选）》《雷雨（节选）》，不但有舞台剧，还有各种影视版本。那么，教师是否就能理所当然地选择其中的较为满意的某一个版本，直接播放给学生呢？可以播放，但是要有选择地播放。首先，要针对课本内容进行剪辑；其次，要针对单元任务进行剪辑。没有针对性的播放，虽然也有激趣的效果，但是大而无当，无法成为任务学习的有效支撑。而且，容易导致学生花费大量时间在无效资源的浏览中，始终游离于"任务情境"之外。因此，为了完成"探索戏剧中次要人物对主要人物的作用"这一任务，教师截取了电影《哈姆雷特》中最具有针对性和表现力的片段进行辅助教学。在《哈姆莱特（节选）》一文中，极具有针对性、最具有表现力的是众人揣度、试探哈姆莱特内心的那一段——克劳狄斯说"用迂回婉转的方法，探出他为什么这样神魂颠倒"，波洛涅斯说"看看他们演得怎样"，阴狠狡诈的敌人时刻想通过诡计窥探哈姆莱特内心的秘密，从而破坏哈姆莱特的计划；这一片段中还提到罗森格兰兹和吉尔登斯吞，他们是哈姆莱特童年的伙伴、昔日的老同学，却在克劳狄斯的授意下"引导他吐露他自己的一些真相"，朋友原本该站在同一战壕，但是他们却为国王推波助澜，使哈姆莱特失去应有的援助；这些哈姆莱特可以不在乎，但是令人心寒的是，这一出戏中，忠奸不辨的母亲也参与其中，糊涂的奥菲利娅也帮助父亲一起来试探他，母亲和爱人是最值得依靠的人，却和仇人一起来试探他，导致哈姆莱特最终连精神上的支持都失去了。在这一片段中，几乎所有的人物都站在哈姆莱特的对立面，莎士比亚用几乎所有人的表现来暗示了哈姆莱特孤立无援的处境。和敌人对峙的过程中，他几乎得不到任何人的帮助，体会不到任何一点人世间的关爱和温暖。他只能孤身一人去完成他的复仇大业。莎士比亚正是通过次要人物的种种表现，暗示了哈姆莱特的处境。

这种极具表现力且直指"单元任务"的经典片段，如果能够通过影视资料呈现在学生面前，或者由学生自己来演绎，这对于学生完成"单元任务"将起到事半功倍的作用。而且，可以自然而然地让学生沉浸在"任务情境"之中，从而主动探索、自主探究。

在课堂教学中，教师通过内化资源深化情境；在课后训练中，也可以借助资源促使学生深度体验。有一课后题，题目中的"语言特点"是关于"语言的节奏"方面的一些看法，要求学生运用"语言的节奏"方面的理论解析其他类似作品。这是"双新"课程改革后常见的一种题型。而此类题目的难点在于学生无法通过文本的只字片语理解"语言节奏"方面的观点。为了让学生能够理解该理论，教师引入影视剧《大长今》中主题曲《呼唤》在剧中呈现的三个场景：第一个场景是小长今刚刚进宫时，《呼唤》一曲响起，旋律演绎得紧凑而明快，烘托出小女孩终于摆脱欺凌、开始新生的喜悦和期待之情；第二个场景是长今在宫中为人嫉、为人害，痛失亲密之人，《呼唤》一曲响起，旋律演绎得舒缓而低沉，烘托出长今的悲伤哀婉；第三个场景是长今经过磨难后，惩恶扬善，实现母亲所愿，《呼唤》一曲再响起，此时旋律演绎得激昂有力，烘托出长今内心的激越和快意。此材料一出，学生豁然开朗，马上由此推导出语言的节奏短促有力，往往代表着什么，而语言的节奏舒缓而绵长，往往又预示着什么。

因此，高中语文教学情境的推进，需要丰富的教学资源，但是更需要教师懂得如何真正利用好这些资源，让高中生沉浸其中。

二、运用有效教法优化情境

教师在课堂上运用适切的教学技巧，进行有效的引导和设计，有利于学生在不同的教学情境中产生不同的学习期待。学生在经过教师的激发、激励后，会对学习对象产生主动学习的"情感"，从而优化情境教学。

（一）巧设问题，完善情境教学

在"双新"课程改革理念推动下，语文教师在组织和开展课堂教学时，越来越关注学生发现问题、思考问题、解决问题的能力，关注学生的语文综合素养的提升。就目前的高中语文教学内容来说，其中含有大量的思考点，是引导学生在学习中展开思考、促进思维发展的关键。因此，教师在创设教学情境时，应该以问题作为切入点，深化问题情境，进一步完善情境教学。

学生在"有效问题"的牵引下，带着自己的观点与想法去主动探索，找寻问题的答案，能自然而然地融入任务情境中。

1.基于高中生身心特点，巧设问题

教师应对教学内容进行全面的研究和分析，紧紧围绕教学中的思考点，创设具有思考价值的问题情境。教师在创设问题情境之前，应通过多种途径，对高中生的语文知识掌握情况、认知能力、思维发展能力等进行全面分析和研究，确保设置的问题情境与高中生的认知发展区相适应。一旦忽视了这一点，教师设计的问题情境超越了学生的认知发展区，就会致使学生丧失继续思考的兴趣，难以发挥问题情境的优势。

从前文的调查问卷分析中我们看到，高中生在情境教学中的参与度较低，其重要原因在于学生没有主动学习的欲望。实践表明，若想使学生能够积极主动地参与教学活动，仅仅有"任务"还不行，同时还需要通过"有效问题"来加以引导。善于设计问题的教师，可以使学生的学习态度由"要我学"转变为"我要学"。学生对学习产生期待后，就会主动调整学习状态，从而促进个体的自我检查、自我评价。

教师有效的设计问题，有利于学生对不同情境的文本产生不同的阅读期待。学生在经过教师的激励后，会对学习对象产生主动学习的情感，从

而完善情境。

例如：在《雷雨（节选）》的专题阅读中，以往的教学中，笔者与学生探讨得比较多的是关于"鲁侍萍的悲剧命运""鲁侍萍的人物形象"等，由此切入，并非不好。只不过，更贴合高中生对人情、人性的认知的，可能是"周朴园是否爱过鲁侍萍""周朴园对鲁侍萍是真情还是假意"这类的问题。在课前学生的问题整理中，笔者发现90%以上的学生提到了类似的问题。于是，笔者顺水推舟，在课堂内自然形成了"虚伪论"和"真情论"两个对立的阵营，并引导学生立足于《雷雨（节选）》这一文本来说服对方。

教师有意识地提出高中生特别想探索且能够引发他们思考深度的、富有挑战性的任务和问题，充分调动学生在探究中的情绪，这样才能和"非常规"的教学环境相得益彰，才能营造出情境。当然，学生对主人公的"感情"问题充满热情，各执一词，群情激动，势必缺少逻辑思考。此时，教师应该随时针对学生的困惑进行引导和启发，从而使探讨任务不断深入，达到教学环境和教学主体的高度统一。

除此之外，教师要让问题能够与学生的日常生活紧密联系，并且能够真正引发学生思想与情感的共鸣，增强学生的主动学习与探究意识，潜移默化地提高其综合学习水平和能力。再比如，在教学《包身工》一文时，教师意识到这篇报告文学中写的是旧社会工厂里童工生活的群像。即便是高中生，他们对文中"芦柴棒""小福子"生活的时代也有着遥远的距离感，阅读文本时，需要教师创设问题情境进行引导。教师可以要求学生联系自身的生活状态进行比较，并提出问题："你们对自己的生活是否满意？为什么？"有了这些现实生活及其理解做基础，教师再要求学生深入文本，抓住文本中最触动自己的表达，思考自己为什么会在意这样的表达，由此读出作者塑造童工群像的目的与意义。在这样的教学中，文本情境与生活情境在互相比较中体现了联系的意义，在二者的对接中，学生自然感受来自课文和教师的教育指向。

在高中语文教学中，教师应当基于高中生身心特点，巧设问题。一方面，问题情境能够激发高中生的学习动力，尤其是主动探究精神，充分彰显语文学习中学生的主体地位；另一方面，基于高中生身心特点，巧设问题能够有效地调动高中生的思维，丰富他们言语实践经验，从而实现有深度的情境教学。

2. 循序渐进，厘清问题

在传统阅读课堂中，教学形态僵化，课堂氛围沉闷，学生处于被动学习的状态，难以为精准指导创设条件。为此，以"问"为载体，通过问题因子，构建情境因子，在问题的精准指导下，更好地引导学生深入阅读学习。

但是，如何"问"，如何"巧问"？

一方面，教师要基于高中生身心特点，巧设问题；另一方面，教师要意识到"问"是一个循序渐进的过程。教师要立足单元教学任务，既要形成主问题，避免琐碎的问题；又要随着主线的推进逐步分解问题，避免大而无当。

根据学生的认知法则，一堂课中他们的精力常常只能集中于某个点，所以教师提出的问题一定要突出单元或者某篇的核心问题，并具有一定的探究度，在"大任务"之下，用几个具有紧密联系的主问题来取代无数琐碎的小问题。比如在《老人与海》的教学中，有些教师一股脑向学生抛出一系列问题：老人与鲨鱼一共进行了几次交锋？老人的目的是什么？老人心里有什么变化？你认为桑地亚哥是怎样的人？……让学生无所适从。很多时候，不是学生不想与教师对话，而是他们不知道从何说起。在设计问题情境的过程中，可从几个比较浅显的问题入手，将其进行整合；也可以围绕同一个问题，引导学生从不同的视角切入，寻求不同的解决思路。

当然，随着主线的推进，教师也要适当地分解问题，避免大而无当。比如在《雷雨（节选）》教学中，提出的主问题是："周朴园究竟爱不爱鲁侍萍？"学生们对主人公的感情问题充满热情，势必缺少一些理性思考。此时，教师应该随时针对学生的困惑进行引导和启发，比如从"人物语言的矛盾性""表情的细微变化""对模糊表述的辨析"等方面，分丝析缕，帮助学生摆脱思维障碍，直至人物内心，从而使探讨任务不断深入，达到教学环境和教学主体的高度统一。

（二）巧设矛盾、悬念和比较，激活情境教学

托尔斯泰认为，成功的教学所需要的不是强制，而是激发学生的学习兴趣。情境教学不是一个由教师创设的静态场景，而是一个动态的过程。需要教师不断地打破课堂的"平静"，通过制造矛盾、设置悬念、纵横比较，吸引学生的兴趣和注意力，促使学生产生"非学不行"的想法和愿望。教师通过各种教法的运用，促使学生积极思考和主动探求，激活情境教学，进而提高课堂教学质量与效率。

1. 通过"矛盾法"激活情境教学

随着"双新"课程改革的推进，"大单元""大任务"教育理念下的高中语文教学已不再是单纯文本知识的解读，而更侧重于高中生高阶思维的培养，比如批判性思维、思辨性思维、创造性思维。于漪老师认为，对立事物互相排斥，人们碰到这种情况容易引起思考，学习也如此。在课堂上，我们发现，学生对于外在人与物的观察角度是不一样的，出发点也不一样。即便同一现象，学生的理解也存在某些方面的差异。面对这样的情况，教师可以从学生的实际出发，积极引领学生在思辨思维的碰撞中去制造"矛盾"和解决"矛盾"，从而创设教学情境，引发学生的思考和探究。

那么，如何通过"矛盾法"激活情境教学？

首先，要善于发现文本中的矛盾。阅读过程中，只要细心推敲，教师或者学生会经常发现一些文本的前后内容存在着不易察觉的矛盾，教师应针对"矛盾点"进行梳理、分析，也许这正是解读文章的关键。教师巧妙抓住这些情节前后的矛盾，以文入境，带领学生从若隐若现的矛盾到茅塞顿开的醒悟。

其次，通过学生合作探究，初步解决矛盾。新课标指出，要在多角度、有创意的合作互动中培养学生的思辨和批判能力，提升学习质量。在课堂教学生生合作互动的情境下，学生思辨思维在解决矛盾的过程中得到有效提升。

最后，通过师生互动，集中剖析矛盾点。在高中语文课堂教学中，"共学"的过程就是师生互动的过程，通过师生互动实现对文本"矛盾点"的集中剖析。比如，在《雷雨（节选）》的教学中，为了让学生把周朴园当作一个"人"来看，教师和学生之间有过一段情感的交流、思想的交锋。笔者故意对学生说："周朴园之所以觉得受到威胁，是因为害怕鲁侍萍敲诈他！"话音刚落，立刻遭到某生反驳："我觉得他更害怕是，鲁侍萍的到来，导致自己人设的崩塌。"笔者顺势接话："总之，虚伪的周老爷就是害怕失去现在所拥有的一切嘛！"此话一出，很多学生坐不住了，其中一个同学说道："一个人失去了生命中那么多重要的东西，不自欺欺人，怎么活下去？"教师虽暗喜，却仍按兵不动道："他的确失去了很多，可作为资本家，他拥有的东西可太多了！"有个学生突然站起，无奈地望着笔者："我们在谈感情呀，老师。周朴园在感情世界失去得太多了！"此生的男性同桌也忍不住说道："当年，他连心爱的恋人和骨肉都守护不了，作为一个男人，太失败了。他不能让一切失控呀，你要理解他！"

触动灵魂的"矛盾冲突"，瞬间激活了教学情境。只要教师引导得法，高中生的思维潜能是很大的，特别是通过矛盾冲突，触发他们独立思考的思想火花。在高中语文教学中,激活的教学情境要从矛盾冲突的碰撞说起,在制造矛盾中去剖析矛盾,进而去探究矛盾和解决矛盾,引领学生在自主学习中延伸思辨能力。

2. 通过"悬念法"激活情境教学

从起源看,悬念教学法可追溯到20世纪70年代。我国学者认为,悬念教学法是指运用"悬念"唤起学生的注意力,启发学生的课堂思维。[12]高中阶段的青少年精力充沛,对学习的好奇心、求知欲更加强烈。教师通过设置悬念,抓住学生的注意力,激发学生主动探索,使其深入教学内容,实现教学目标,激活教学情境。

那么,如何通过"悬念法"激活情境教学?

首先,教师要有"贯穿"意识。在教学过程中,无论是单篇教学还是大单元教学,我们都要将其当作一个整体来看待。因此,"悬念设置"不仅仅运用于开头或者结尾,而应该贯穿于整个教学过程,达到跌宕起伏的效果。在课堂教学中,教师要善于从课文内容中引出一些学生"急于了解"但又"无法马上解决"的任务。比如在教学《祝福》一文时,教师设计的任务是"究竟是谁害死了祥林嫂"。这个巨大的悬念,提纲挈领,引领全篇,在整个教学过程中始终"悬而未决"。这样一来,势必不断地引起学生情绪上的激荡和心理上的悬念,进而不断地促使他们运用已知去探求未知。

其次,教师要有"悬挂"意识。设置悬念,犹如传统小说中,在故事情节发展到高潮之际,戛然而止,让它暂时"悬挂"在一边,从而给读者的心理造成一种"期待感",形成一种极其渴望后期学习的教学情境。若每堂课都有一个"悬挂式"的结尾,必然使学生急于获得下节课的内容。因此,教师在教学时应引导学生分析课文前后章节之间的联系,在每节课结束时,可以先提出具有启发性的任务,造成悬念,从而引导学生不断地深入思考，使学生在完成课堂学习任务之余，心理上还处于一种"欲罢不能""不断深化"的状态。这样一来，不但激发了学生自主学习、自主探索的渴望，而且还契合学生迫切学习新知的心理需求，为后面的学习打下了更好的基础。

教师要善于抓住学生的心理，找准教育的时机，设置适宜的、有价值的悬念，真正开启学生的思维之门，满足学生的求知心理。同时，教师还要鼓励学生大胆质疑，提出自己心中的疑惑与不解，营造浓郁的学习氛围，让课堂"波澜起伏"，将学生的思维引领到更高的境界。

3. 通过"比较法"激活情境教学

梁启超曾提出"分组比较"阅读教学法，他认为不需要每篇文章都讲，文章须一组组地讲，若干篇文章作一比较，让学生分析异同。比较阅读是在阅读过程中将有关内容不断比较、对照和鉴别，这样既可以使认识更加充分、深刻，又可以看到差别，把握特点，提高鉴赏力。

在高中语文教学过程中，教师不仅要促使学生主动地、独立地完成研读，而且要通过引入具有相似的或相反的阅读素材，促使学生在比较中学习和理解文本内容。在课堂文本教学过程中引入群文或者其他相关材料，进行比较和研究，有利于激发学生的高阶思维。

那么，如何通过"比较法"激活情境教学？

一是引导学生进行文本间的横向比较。基于课文内容，通过同种题材、不同艺术手法的文本，或者同种体裁、不同思想情感的文本进行比较阅读；文本的比较可以是同一单元的作品，也可以是教师认为有价值的课外作品。这种引导方式便于学生在阅读学习的过程中对相关的文本有更加深入而全面的了解，提升其阅读学习能力。在选择文本时，教师根据其异同，进行合理的选择。比如，在"选择性必修"中册第三单元中，教师把《屈原列传》和《苏武传》进行比较，两篇课文从文体上来看，都是史传文，两位主人公的经历也都异常坎坷，但是他们的品质各异，而且同为史传文，艺术特色也同中有异。第三单元中还有两篇史论文《过秦论》和《伶官传序》。前两篇史传文和后两篇史论文之间也有可比性，虽然史传文以叙事为主，但是在《屈原列传》《苏武传》中，议论性的文字所占的比例也不少；虽然史论文以议论为主，但是在《过秦论》《伶官传序》中又有大量的叙述性文字。通过文本之间的横向比较，不断地把学生引入更深层次的思考，有利于情境教学的生成和深化。

二是引导学生进行文本间的纵向比较。基于课文内容，对同一类型但却处于不同时期的作品进行比较，也可以针对同一作家不同时期的作品进行比较。纵向比较的过程中，教师需要对文章本身的创作背景和文化背景进行精准的定位和了解，引导学生沉浸到更深广的历史文化背景中去。比如，教师在"选择性必修"上册第二单元的教学中，一边帮助学生感受先秦时期百家争鸣的盛况，明确诸子各自的主张，一边引导学生比较其异同、内在的关联，探索在不同的历史时期社会文化对诸子思想形成的作用。通过文本之间的纵向比较，不断引导学生进行更宏观的思考，有利于情境教学的生成和深化。

当然，也可以通过多元化的教学资料进行比较分析。教师可选取相应的影视作品或视频图片资料，引导学生以直观的感知研究为切入点，更好地理解文章的内涵和所要表达的思想感情。引入多媒体教学工具和应用软件的过程，有助于增强学生的主观学习意愿，激发教学情境的生成。

三、通过合作交流创生情境

伴随着新课程改革的推进，小组合作交流越来越普及，成为教师们热衷的课堂教学方式，尤其在公开教学时备受推崇。甚至有人认为采用了小组合作交流的方式，就等于创设了教学情境。

其实，这是一个认识上的误区。比如，教师在教学《雷雨（节选）》一文时，让学生通过小组合作交流的方式，探讨"鲁侍萍的性格特质是什么"。通过重新编排学生的座位来构建"空间环境"促使学生"发表己见"的做法是当今课堂中普遍运用的方式。但是"人物性格特质是什么"这样的"寻常任务"是否一定要借助"特殊环境"才能解决？在"常规环境"中就无法解决？学生在"常规环境"中不感兴趣的问题，在"特殊环境"中就能得到"热烈的交流"？所以说，更多的"合作交流"创设的是一个"环境"，并非师生全身心投入其中的"情境"。

新课标中提出：要根据高中生身心发展和语文学习的特点，组织高中生开展合作探究、研讨交流活动，鼓励高中生以各种形式相互协作，展示交流学习成果，鼓励他们自主阅读、自由表达，引导他们体验发现问题、解决问题。[4] 所谓合作交流，是指在学生自主学习研究的基础上，让学生在小组或者班级范围内，充分展示自己的思维方法及过程，相互讨论分析，将自己对课文内容的理解分享给其他同学或教师，实现交流与反馈，加深对问题的认识，进一步产生深刻的思想。

因此，只有学生在合作的过程中，有自己的思考体悟，有思想和情感的碰撞与交融，才能形成所谓的"情境"。

（一）在大单元任务探究中，创设合作交流教学情境

在"双新"课程改革背景下，教师常常采用"合作交流"的方式推动单元统整任务，通过学生间的合作探究、交流反馈，实现情境教学。很多时候，教师虽然设计了合作探究的单元任务，但并没有形成合作探究的氛围。

那么，如何在大单元任务探究中，创设合作交流教学情境呢？

要在单元任务实施的过程中形成合作探究的氛围，不仅需要教师提供有探讨价值的任务、采取小组合作交流的形式，还需要教师提供与任务相关的子任务、子问题，与主题相关的助读资料，以及教师的讲解提炼、确定交流的形式等。就是说，教师需要为学生的"小组合作交流"提供源源不断的"养料"，并指出明确的"路径"。这样，才能在单元任务实施的过程中形成合作探究的情境。

比如，教师在教学"必修"下册第二单元时，设计的一个单元任务为"如何体味戏剧的悲悯情怀"。在学生展开合作探索的过程中，教师率先为学生提供了三级子任务，分别为：①识——戏剧的悲悯情怀是什么？②研——悲悯情怀有哪些特点？③品——悲悯情怀的文化价值是什么？这样一来，学生在具体的探究过程中就有路径可循，不至于在宏观的主题中迷失了方向，游离于探究之外。随后，教师从"人生际遇""诗文互证""历代评论""哲学理解"等方面为学生提供探究、交流的资源。学生仅凭课内的文本及资源，较难实现沉浸式的"合作交流"。学生要么因为研读过的资料太少，无法打开思想的深度和广度而无话可说；要么因为自行搜索的资料良莠不齐，导致方向性错误，误入歧途。因此，教师凭借自己的专业能力，从任务出发，提供学生相关助读资料，为"持续合作""深度交流"注入源源不断的"养料"，让学生"沉醉其中"。当然，教师还在成果交流的形式上作了设定：在本单元的悲剧人物中任选一个，代入其角色，完成一份"我的自白"演讲稿，由小组推荐优秀作品，并在班级内分享，最后由教师点评和提炼。

还比如，借助信息化平台创设合作交流教学情境。在教师的引领下促使学生自主安排合作交流，自由挥发，展现才华，创造沉淀文学素养的个性化舞台。教师以隐性的方式引导、促进和影响学生的学习，而非指手画脚、监督检查。就像建构主义一直强调的，我们要做的只是启发、推动学生自主构建。为了唤醒学生自主学习的意识，在信息化交流平台中，教师不作强硬要求，不干涉、不监督，由学生推荐语文学习骨干组成核心力量：征询班级同学和老师的建议，定期发布相关主题并组织讨论、交流；对每次的信息化交流进行归纳、整理及简单的反馈；自主发布自学内容，组织讨论，有问必答，井然有序；根据课堂作文教学内容，延伸至课外，自选例文，供同学鉴赏、讨论。

基于信息化平台的合作交流由学生自主设计、自发组织，不仅让学生获得"实惠"，也是某种程度上对语文学科核心素养的落实。在合作探究的氛围中，学生学习语文的热情提高了，对语文学科的兴趣更坚定了，积淀的文化更深厚了。

（二）在常规教学中，生成合作交流教学情境

基于合作交流的教学情境不仅仅出现在大单元探究中，也不仅仅出现在公开教学中，更出现在常规的教学中。

合作交流的教学方式不是任何课堂的"点缀"，教师要切实地发挥它的效果。只要它能够促进学生的发展，突出学生在课堂上的能动性、创造性，凸显学生的独立人格，形成良好的互动氛围，那么在常规课堂中，自然也应该采用。

当然，与单元任务探究不同的是，教师无法在每一堂常规课中做准备、供资源、供路径，在常规课堂中，合作交流的生发具有"即发性"。教师可根据师生、生生互动的情况，顺着学生的思路，因势利导地组织适合学生合作交流的活动。

既然"即发性"强，那么对教师及学生就提出了更高的要求。教师要善于捕捉课堂上转瞬即逝的"生发点"。对于学生而言，更要激发出其当时当刻的情感体验和深度思考。目前，在常规课堂情境创设的过程中，师

生之间、生生之间的情感交流、思想碰撞较为欠缺，教师无法对学生的"情""思"加以调动，课堂的情境也很难达成。忽视教学主体彼此之间的情感投入、思想碰撞，必然导致原本就根植于人情、人性、人生的语文学科，最终远离真实的生活体验。在常规课堂中，由于外在条件的欠缺，教师更应该关注合作中学生情感交流、思想碰撞，这样才能塑造出最精彩的"情境"。

比如，在常规试卷讲评课中，教师借助课前的试卷分析已经锁定了重点讲解的语段和试题若干，随后教师结合课堂上学生对试卷中不同板块、不同题型的反应激烈程度，即时作出选择，确定出课堂"探索交流"的范围，借助班级原有的合作小组，进行讨论、反馈、结论、交流。整个过程对教师的要求比较高，教师必须敏锐地捕捉到课堂中有价值的、能让学生沉迷其中的"生发点"，这样学生才能有更强烈的"情韵流动""思维碰撞"，才能有"你来我往"的"语言交锋"。在这样的"情境"中，才能培养学生的审美情趣，激荡出他们对于生活的哲思。

四、巧设测评情境形成"闭环"

"情境"应该贯彻在整个教学过程中，同样也应该贯彻在对学生的评价、教师的命题中。"情境"不只起到导入、激发学习兴趣、维持沉浸式学习的作用，还要让学生语言运用得以真正落实。在这个过程中，创设测评情境，可以让学生的认知深度和表达能力得到提升。

新课标中提到的测评、考试应以具体的情境为载体，以任务为主要内容。语文实践活动情境主要有个人体验情境、社会生活情境和学科认知情境。为响应新课标导向，顺应时代需求，教师要在评价过程中强化创设问题情境的意识。

（一）基于"个人体验情境"的测评情境

"个人体验情境"是指学生个体独自开展的语文实践活动。如在文学作品阅读过程中体验丰富的情感、尝试不同的阅读方法以及创作文学作品等。[4]

教师在评价中，也应创设具体的情境，设计典型的任务，让学生在"个人体验情境"中充分展示其具有创造性和个性化的学习成果。比如，教学《苏武传》时，结合《汉书·李广苏建传》以及司马迁《报任安书》中的相关内容，分析了《苏武传》以叙事寓褒贬的写法。又结合后世评价，探讨了作者对苏武及李陵的情感倾向。最后分析了作者聚焦李陵的写法，并探讨其对人物形象塑造所起的作用。在此基础上，教师设计了这样的作业，对学生进行测评：①以班固的视角，为苏武写一则人物短评。②课文删去了原文苏武听到汉武帝死讯时的反应。有没有这一节，会对人物形象塑造产生什么影响？谈谈你个人的看法。在完成这两项作业的过程中，学生不但要再次研读课内文本，同时还要从新的视角进行阅读、解析，从而获得更丰富的情感体验，进行更深入的思考。还比如在教学《屈原列传》时，分析了屈原的个人遭际及其时代背景，探讨了屈原可能选择的道路以及最终选择的必然性。在此基础上，教师设计了这样的作业，对学生进行测评：①贾谊与屈原遭遇类似，但是做出的选择不同。阅读贾谊《吊屈原赋》，具体分析这种差异。②阅读《离骚》，对照课文，进一步体会屈原的处境，感受屈原的人格魅力，思考屈原精神的内核及价值。③查阅资料，尝试思考并评判渔父所代表的道家哲学思想。④阅读贾谊《鵩鸟赋》和庄子《齐物论》，了解"同生死、轻去就"的思想。在完成这四项作业的过程中，学生不但要从新的视角进行阅读、解析，而且在完成评价时，要借助大量课外资源，不断建立起新的语言材料、新获得的语言活动经验与既有的语言材料、语言活动经验之间的联系，并使之与语言运用情境形成有机联系。而且题①和题②针对全体学生，题③和题④供学有余力的学生进一步探究，让不同层次的学生都能找到适合自己的作业方式，能力弱的学生可以依靠课内文本进行诠释，能力强的学生可以独创性地进行诠释，学生在完成作业的过程中进一步提升个体的语文学科核心素养。

教师要结合教学实际情况分析，针对作业反馈的效果进行反思，找出学生的问题并及时优化，找到学生的可圈可点之处并继续发扬，继而让核心素养教育能够融入阅读教学的多个环节，真正提升学生的核心素养。

（二）基于"社会生活情境"的测评情境

"社会生活情境"是指向校内外具体的社会生活，强调学生在具体生活场域中开展的语文实践活动，强调语言交际活动的对象、目的和表述方式等。[4]教师的作业设计将阅读任务与现实生活需要的能力联系起来，学生在完成作业时，将更沉浸于"情境"之中。因此，教师在作业设计时，应该让学生更多地直接接触现实生活，在大量的语文实践中掌握语文学习的规律。

比如，教师在《谏逐客书》一文的教学后，设计了以下方式来测评学生对劝说艺术的理解程度。教师首先转载了《中国青年报》中的一则新闻："目前对疫情严重地区劳动者的就业歧视，已经出现。有的湖北籍劳动者因为身份证'42'开头就被公司无理解雇，有的因为近期在湖北工作过被公司拒之门外；有些企业招工信息中直言'湖北人已满，请勿报名'，有的不准湖北籍员工返岗复工，连疫情期间没去过湖北的也'打入另册'。"由此设计的题目为："若你为某公司人力资源部负责人，老板暗示你在招聘时不要招湖北籍的人员，请你写一篇《谏拒湖北伢书》给老板。"教师的命题指向校外具体的社会生活，强调学生在相对真实的情境中开展语文实践活动。还比如：在进行了"信息时代的语文"这一单元的教学后，教师设计了这样的作业：①经课堂交流，将本组的"媒介信息真伪判别标准"初稿修正完善，形成一份"擦亮你的眼睛——如何辨识媒介信息真伪"指南小贴士；②结合一二则网络谣言实例，撰写一份"涵养媒介素养，拒绝伪俗网络"的宣言书。教师应在作业中着重培养学生的语文实践能力，而培养这种能力的主要途径就是基于"社会生活情境"的评价情境的设计。

当然，教师还需要根据学生的作业情况进行总结，针对学生呈现出的共性问题和个性问题，对照教学实际思考，及时优化改进，或者结合微课推送模式，实现个性化指导。

（三）基于"学科认知情境"的测评情境

"学科认知情境"是指向学生探究语文学科本体相关的问题，并在此过程中发展语文学科认知能力。[4]教师设计此类作业的目的是促使学生充分调动自己的语言和知识、技能，引导学生在思考并解决问题的过程中实现相关知识的结构化。

比如：教师进行了《红楼梦》人物的教学之后，设计了以下作业：①请选出《红楼梦》中你印象中评价最无争议的人物，再次阅读相关情节，尝试找出他（她）性格的多样性和复杂性。②选择"金陵十二钗"中人物之一，理出小说前八十回中出现的（可能）属于该人物的全部诗词曲赋作品，并由此推测该人物最终的命运结局。面对这样的检测，学生只有全力调动课堂中学习的关于人物鉴赏的知识技能，通过比较、分析、归纳，最终实现其学科综合能力的提升。

当然，教师在进行评价时，也要分析反思，找出学生反馈中的问题并及时纠正，实现从反思到指导再到教学质量的提升，为基于"学科认知情境"的测评情境注入更多的活力,促进学生语文核心素养的提升。

五、融合线上线下构筑"生态"

线上的有些弊端只有在线下才能得以解决,然而线上的很多优势也是线下无法取代的。早在2003年,北京师范大学何克抗教授就提出了"混合式学习"这一概念。何教授认为,要把传统学习方式的优势和数字化学习的优势结合起来,既要发挥教师引导、启发、监控教学过程的主导作用,又要充分体现学生作为学习过程主体的主动性、积极性与创造性。[13]笔者作为一线教师,同时也作为科研工作者,在经过一段时间的实践操作和思想沉淀后,也认为线上和线下应该各取所长、彼此互补、有机融合才能助力有效教学情境、良性课堂生态的构建。

(一)线上的互动性和线下的可控性相融合

对于高中教学而言,在线教学的互动性强,但是可控性较弱;线下教学的可控性强,但是互动性较弱。任何一种教学形态都是优缺点并存的。为了优化教学情境,进而形成良好的教学生态,将二者融合无疑是最好的选择。

高中生的互动讨论,在传统的线下课堂中是比较克制的。因为传统教学是一种面对面的互动,学生基本上都是应激反应,要在短时间内做到逻辑清晰、有条有理,并不容易。但是,线上就不一样了,学生可以选择书面语言,也有较充分的时间思考,所以那些不擅长表达的学生,那些喜欢深度思考不轻易脱口而出的学生,那些出于修养、出于礼貌不随便插话的学生,他们在互动交流区里,可热闹了。所以说,高中生们在线上教学中参与得更多、更活跃。

然而，热闹之余，也状况百出：有得意忘形、言语失当的；有观点相左彼此讨论的；甚至有话不投机脱离课堂的。这些"无效情境"在传统线下教学中鲜少发生，甚至教师一个眼神就能把不利于课堂的因素消解于无形。在传统课堂中，教学的内容、环节、节奏、氛围、时间尽在教师的掌控之中。但是，正是因为线下教学一切尽在掌控中，反而让学生失去了舒展的余地、自由的空间。

因此，如何在"规范有序"中"舒展灵性"，生成有效情境，形成良性生态，是线上线下相融相生的第一步。

（二）线上的效度和线下的温度相融合

通过教学实践，教师们发现在线教学有效度，但是欠缺一点温度；线下教学有温度，但是不如线上那么高效。

在线教学借助于信息化平台，使得师生之间实现多方交流。教师还可以通过智能化的手段便利地进行各种演示、实验等。除此之外，在线教学中，学生的学习状况、考测练习都可以通过平台的"数据分析"进行及时反馈，教师们可以通过"数据分析"随时调整自己的教学目标、教学内容、教学环节、教学策略等，并且有针对性地向学生推送个性化的辅导。在线教学借助其技术优势，使教学的效率得以大幅度提升。

但是，在这个虚拟的世界中，缺少了人际的交往和活动的情感氛围。课堂若没有"情韵流转""气韵生动"，又如何生成有效的情境教学、形成良性的教学生态呢？在线教学以设备为载体，教师和学生直接面对的不是活生生的人，而是冷冰冰的设备。学生感受不到温度，接收不到情感，也接触不到生活的气息。这也许就是长期以来传统教育无法接受人工智能教育的根本原因！而传统的线下教学无可取代的优势在于，教师和学生处于同一时空中，彼此的"情状"真实可感，彼此的认知、态度和情绪相互激发,那种弥漫在课堂中不可言说的"情韵流转""气韵生动"是在线教学无法企及的。然而,充满温度的传统线下教学在现代化、高效率的信息技术面前,又显得那么徒劳无功。

因此,在温度中注入效度,在效度中渗透温度,线上与线下相融相生,才能生成有效的情境教学,形成良性的教学生态。

(三)线上的数据评估和线下的观察评估相融合

在线教学具有数据评估的功能,但无法对学生进行全方位"观察";线下教学更适合展开观察评估,但又无法及时呈现数据分析。

在线教学的过程中,很多教师逐渐意识到"加强线上课程评价工具研究"的重要性。形成信息技术支持的过程性评价,有利于促进学生综合素质提高及个性发展。可监控、可测评学生学习状况的数字评价系统,促使师生进行发展性诊断,不断优化教学方式,提升教学成效。甚至,根据平台相关数据,可以帮助每个学生形成高中阶段的个性数字画像,记录学业成绩、课程学分、活动积分及理想目标,最终实现过程性评价与终结性评价的结合。

当然,数据不代表一切。通过数据对学生进行评估,只是一种客观的衡量、判断、预测,只是评估的一方面。教师若一味地依赖数据对学生的评价,势必失去一个"人"对另一个人的主观感知、理解和思索。传统的线下教学能够通过课堂观察对学生进行更全面的评价,比如通过观察学生参与状态、交往状态、思维状态、情绪状态等,作出更人性化的评估,作出"情境性的评价"。然而,线下教学中的观察评估可能在评价的精准性方面略有欠缺。

因此,笔者认为只有在客观数据中注入主观评估,在主观评估中参考客观数据,才算是"情境性的评价"。当然,线上与线下优势互补、有机融合远不止于此,需要教师们不断地探索、实践、总结。总而言之,将在线教学与线下教学相结合成为混合教学才是未来教育的出路。

因此,我们不能止步于目前所取得的成果,只有在教学领域不断深入探索,并且同时发挥在线教学与线下教学的不同优势,才能真正催生学生学习的自主性、合作性与探究性,才能生成有效的情境教学,形成良性的教学生态。

第五章 CHAPTER 5

实施"双新"背景下高中语文情境教学的路径

与传统的语文教学不同,"双新"背景下高中语文教学更加注重培养学生在真实环境中的实践和探究,因此,教学路径需要进行分析和设计。本章从"双新"背景下高中语文大单元情境教学的路径、单篇情境教学的路径和信息化情境教学的路径等方面着手,以期打通教学环节中的"堵点",全面落实情境教学。

第一节

"双新"背景下高中语文大单元情境教学的路径

在"双新"课程改革理念的引领下，我们逐步从单元教学走向大单元教学。什么是大单元教学？崔允漷教授认为，"单元是一种学习单位，一个单元就是一个学习事件，一个完整的学习故事"。[14]传统教材中的单元是由几篇课文构成的单元，而"双新"课程改革背景下的大单元教学是基于学科核心素养，整合目标、任务、情境的一个完整的过程，意在推动学生的整体发展，强调教师要有高站位和大格局，对教学进行"整体观照"。而大单元情境教学创设是指在大单元教学中，设置整体、相对真实的情境，使学生全程投入其中，从而搭建起知识与现实生活的通道。那么，这是怎样的一个过程呢？

一、确定单元学习目标

首先，我们要确定单元整体的学习目标。崔允漷、夏雪梅在《"教—学—评一致性"：意义与含义》一文中曾说："没有清晰的目标，就没有明确的依据来处理教材和选择方法，也就没有标准来评价学生到底学会了什么。"[15]

与传统教学的"三维目标"不同，实施大单元教学的终极目标就是为了提升高中生的语文学科的核心素养。在设计大单元的"学习目标"时，首先应当重视其素养的形成，尤其是语言、思维、审美、文化等方面能力的综合提升。

其次，在大单元教学中，每个单元的学程相对比较长，在"统整"学习的过程中，很有可能因为学程较长而使得学习目标发生偏移。因此，在这种时候，学习目标的作用就变得尤其重要。清晰且明确的学习目标，不仅可以使整个教学过程更加明晰和聚焦，而且能够将大单元的整体学习带入更深层次的探究，指明学习的方向。

在明确且可操作的学习目标之下，教师才能对整体教学了然于胸，才能合理地设置与之相应的情境任务。

二、创设单元情境任务

新课标中强调了18个"学习任务群"。那何以又说"情境任务"呢？新课标中还强调"学习任务群"应当"以任务为导向，以学习项目为载体，整合学习情境、学习内容、学习方法和学习资源……"[4]

在"任务"中"整合学习情境"是新课标对语文教师提出的要求。在传统的学习中，学生常常处于被动的状态，主要对知识的记忆、理解、辨别。但是在大单元教学中，更加强调对知识的综合运用，强调联系生活、联系实际，因此，学生必须面对眼前亟须解决的问题，在真实的情境中去阅读、写作，调动旧知，获得新知，竭尽所能来完成每一项学习任务。

在富有"情境性"的语文学习过程中，不仅激发学生的学习兴趣，而且持续地累积知识、技能和经验，在主动探究中掌握语文学习的策略与方法，在屡试屡挫中不断改进和完善。

因此，教师在明确单元学习目标的基础上，设置单元情境任务，在现实生活的基础上统整构建，让学生在解决问题中运用语言文字，从而提升语文学科核心素养。

当然，情境任务的创设要符合高中生的能力，更要符合高中生的实际认知水平。除此之外，也要根据高中语文学科的特点调动学生的生活经验，在鲜活的学习氛围中提升其核心素养，在真实的学习过程中走向更深层次的探究。

三、设计单元层级问题

在确定大单元整体的学习目标和情境任务后，教师接下来要思考的是如何把"大任务"切分成过程性的"阶段情境任务"或者"层级问题"。这样，学生在大单元学习的过程中，每个阶段都有需要完成的"小任务"，或者必须解决的"层级问题"。学生的单元学习往往能由易到难，由简到繁，形成一个学习的坡度，有目的、有节奏、有计划地呈现教学目标、重点、难点，有利于将学生原有的知识和新知识结合起来，拾级而上，向深度发展。

在"阶段情境任务"和"层级问题"的理念下，教师在进行整体设计时，就会有强烈的层次意识，不仅通过每个"阶段情境任务"的设计不断推进学生探究的脚步，同时促使每个"阶段情景任务"都能有共同的指向，达成合力。

当然，在设计高中语文学科单元"阶段情境任务"或者"层级问题"时，教师也应当立足高中生的学情，根据高中生的特质和课堂学习情况，灵活动态地调整"阶段情景任务"和"层级问题"，有预设，有生成。总而言之，在大单元教学整个推进的过程中，教师的每一次调整、每一次改进，都要符合高中生的能力进阶需求，合理地取舍、科学地连缀，采用最恰如其分的任务或者问题，来实现大单元"整体目标"和"情境任务"的达成。

四、提供单元助读资料

教师通过"情境任务"的设置，意在促使学生主动学习、深入探索、积极反思。虽然"任务"分明、"专题"清晰，但是"任务"有余，而"驱动力"不足。尤其，当学生习惯了任务引领、合作探讨的学习方式之后，新鲜感褪去，后劲不足。

高中语文学科所涉及的领域较为深广，学生若不具备深厚的人文底蕴，或者没有丰富的学习资源，很难实现深度学习、自主探索。就算学生勉为其难地完成了教师所赋予的"任务"，恐怕也难以沉浸于教师所预设的情感氛围中。

要让学生沉浸、投入，甚至针对研究的问题产生自己的判断、思考和质疑，仅靠课本提供的文本是远远不够的。强调学习能力培养的大单元教学应当在明确任务之后，为学生提供足够多的学习资源，以确保学生沉浸于"任务"的"情境"之中。因此，在学生研究之初，就向学生提供大量的、经过教师审核过的、有价值的教学资源，确保学生研学的质量和稳定性。当然，即便提供给学生有价值的素材，学生在研学的过程中也会偏离方向，教师在研学中后期应提供相应的主题探究的讲解视频，为学生"保驾护航"。更为重要的是，教师更应该鼓励学生在解决问题的过程中主动搜索、整理相关材料。同时，教师也应当强调学生之间的资源交换与整合，从而实现学习效果的最大化。

设计任务不难，难的是如何让每一个个体沉浸在对任务的研究中，进行深入的思考，获得独特的情感体验。

五、提供单元任务流程

在大单元教学中，教师不仅要给出"情境任务"，更要指导每个学生怎样推进任务，甚至在流程中时刻关注每个学生的疲劳点，并且作出相应的调整。

被统整后的大单元，是一个长学程的系统规划。它包括单元目标、单元主题、单元任务、学习资源、学习过程、评价检测等。在大单元的学习的过程中，教师提供了具有研究价值的"阶段情境任务"或者"层级问题"，既有限制，又有自由。通常，在这个环节，教师放手让学生自主探究，但实践中发现，学生在此环节中虽然有自我选择和自主探究的自由，但是并不清楚解决问题、完成任务的步骤，也不知道往哪个方向走才是有价值的。学生在茫然无措又长时间得不到帮助的情况下，探究的热情也必然被渐渐消耗，自然游离于教师预设的"情境"之外。

由此可见，大单元教学长学程的设计缺少抓手，教师不知道如何规划与设计。因此，教师在创设"情境任务"的同时，也要让学生明确如何通过教师提供的"学习流程"来完成学习任务。教师应该明确地给出学生前进的路线，给予学生清晰的研究指南与充足的学习时间，使得长学程的学习不再空洞，学生可以在教师的帮助下逐渐走向语文学习的更深处，追寻一种更高层面的探究性学习的境界。

六、促使学生交流表达

大单元情境教学的过程是师生共同探索的过程。教学中，教师和学生要积极展开双向交流，各抒己见，积极表达对问题的认识和看法，阐明所持观点的原因、理由。平等地讨论，让学生在交流的氛围中发现问题、总结规律。通过交流、表达，使得教学内容触及学生的情绪、情感领域，让学生深切感受学习任务的全过程，并且上升到学生的精神需要。

因此，在一个大单元的学习过程中，学生应当积极参与各类语言文字运用的活动，认真阅读，积极表达。教师也应当关注创设好的读写任务，以读促写，以写促讲，通过主题演讲、单元汇报等形式促使学生勇敢地表达自己，自由地发表意见，不局限于一个思路、一种观点，营造自由发展的民主氛围，使优等生发挥自己的优势，也使后进生不因错误的观点而受到嘲笑，让每个学生都体验到学习的快乐，享受到成功的喜悦，从而助力学生真正地在语文的学习活动中沉潜体会，提升素养。

七、完成单元评价反馈

在教师创设的"情境任务"中，学生需要综合已有的知识、技能、经验，整合大单元学习内容，才能形成相应的学习成果。一般而言，教师对其学习成果进行评价。

除此之外，教师应该促使学生将其所学到的知识、技能、方法，放到新的情境中。我们的评价应该向更为开阔的真实生活奔赴，只有在新的现实评价任务中才能够进一步燃起学生的学习动力，调动其真实的生活体验，以饱满的状态投入新的学习成果的展示中去。

因此，高中语文大单元教学中的评价应当基于真实的评价任务，主要测评学生能力的使用的情况，落实大单元教学下"教、学、评"的一致性。

当然，随着国家高考评价方式的变革，我们也会疑惑：这样的"情境任务"评价方式是否与国家高考测评相契合？事实上，这也考验着教师们的命题智慧。是否能够把握住高考的方向，将"双新"评价理念渗透到平时的考试、检测中，是现阶段高中语文评价工作急需解决的问题。值得庆幸的是，各地的测评试卷已经在不知不觉中出现了转变。作为高中语文教师，还应在这方面做更多的尝试与探索。

第二节

"双新"背景下高中语文单篇情境教学的路径

"双新"课程改革强调"任务驱动""单元统整",但是这并不意味着单篇教学不重要,也不意味单篇教学无所谓"情境"。教师不能忽略对学生单篇阅读的指导以及"情境"的创设,因为大单元教学的设计基于每一篇课文教学,如果不能确定学生对单篇的内容、情感、思想、手法、文化等有比较全面的把握,那么在大单元教学中,学生必然无力跟进,如孤身于空中楼阁,摇摇欲坠。如果在单篇教学中忽略情境教学的渗透,尤其当学生面对教材中那些难度较大的或者缺乏兴趣的篇目时,恐怕学生连投入其中的热情也将荡然无存。

一、明确单篇学习目标

单篇学习目标绝对不同于单元学习目标,但也是基于单元学习目标来设定的。每一篇文本都有自己的特点,所以其学习目标也不尽相同。但是,在大单元整体任务驱动之下,要建立以单元学习目标为统领的教学整体观念,单篇的学习目标必须根据单元学习目标来确定。每一个单元的导语、学习提示中都含有指向"阅读与鉴赏""表达与交流""梳理与探究"关键能力的信息,是新课标核心素养的教材化处理。在任务群背景下,单篇教学必然异于传统教学的单篇单讲。由此,教师应以单元学习目标为引领,设计单篇学习目标,确定单篇课文的内容,实现教学内容的结构化。

通常，教师遵循单元导语、学习提示或者单篇提示来设计单篇的学习目标，就能够确保单元学习目标得到落实。然而，在进行单篇学习目标设计时，更要结合单篇课文的思想内容、艺术手法、文化内涵，根据高中生的学习情况，对单元学习目标进行梳理、细分、转化，使每一个单篇都成为实现单元学习目标的"落脚点"。经过目标的梳理、细分，使每一个单篇课文的教学虽有其偏重，却依旧在单元学习目标的统领之下，每篇课文均成为实现单元学习目标的关键载体。在以上操作的基础上，融汇各篇课文学习所得，达成单元学习目标，为单篇课文的情境教学的达成提供前提条件。

总而言之，单篇学习目标应该根据实际学情及每篇文本特点，同时也要基于课程目标、单元学习目标的梳理与细分并且形成一定的梯度，让学生通过每一个单篇的学习，不断深化理解，达成单元核心素养的深度学习。

二、重构单篇学习内容

统编教材虽然划分为若干单元，但每个单元仍然是由若干篇目所构成的，这些单篇的教学也是极其重要的。有些教师因为"单元统整"而忽略了单篇教学。事实上，对单篇的精读和赏析，对其中词、句、段的品味，恰恰是语文学科非常重要的学习内容。忽略了这些内容，会使高中语文学习成为"空中楼阁"。但是，高中语文统编教材中的单篇课文是否每篇的内容都要精讲呢？

在高中语文统编教材中，单篇数量增加了不少。教师们不能丢了文本细读的传统，有些篇目绝对不能浮光掠影，我们要根据单篇提示，对有价值的文本进行感知、解读，对语言进行品味，对思想情感进行赏析等。但是究竟把单篇的内容挖掘到怎样的程度，还是要符合单元学习目标，也要联系单元学习任务，还要融合学习提示。王荣生教授认为，语文教学内容从教的方面说，主要指教师为达到教学目标而在教学的实践中呈现的种种材料。它既包括在教学中对现成教材内容的沿用，也包括教师对教材内容的"重构"——处理、加工、改编乃至增删、更换；既包括对课程内容的执行，也包括在课程实施中教师对课程内容创生。[17]

单元学习目标、学习提示等为"学习内容"的选择和重组提供了针对性的建议。借此，我们可以非常清晰地把握单篇课文的教学重点、难点。每篇课文教学侧重内容都不尽相同，明确单元学习目标、单元学习提示，有助于准确把握单篇选文在单元中的价值，更有利于单篇"情境教学"的创设。因此，在进行具体教学时，应根据单元学习目标、单元学习提示充分理解编写者对教学内容方面的潜在指向性，从而确定单篇教学内容的大方向。

三、设置单篇情境任务

在明确了"单篇教学目标""单篇教学内容"之后，紧随其后的就是"单篇情境任务"的设置。

在大单元教学中，教师能够有意识地设计"情境任务"，但是在以"大单元"为前提的单篇教学中，有些教师仍然把各种琐碎的提问填满每一节课。我们且不论各种细碎的问题是否有思考的价值，就算有价值，学生也很容易被教师一路牵着走，无法实现主动探究。所以，即便在单篇教学中，仍然要关注"情境任务"的设置。"情境任务"是相对于高中语文单篇教学中那些零碎的、浅层的问答式提问而言的，"情境任务"可以在高中语文教学过程中起引导作用和支持作用，可以从整体参与性上激发学生关注、聚焦、探索关键任务。当然，对于单篇情境问题的设计，不少教师也存在一定的误解，认为单篇情境问题设置应该全方位覆盖，涵盖单篇的所有的细枝末节。其实，我们只要创设一个相对集中的"问题情境"，让学生可以集中以一个"情境任务"进行研读和探究，达到每一篇有一个收获的实际效果。

当然，在设计"情境任务"时，单篇课文更多的时候充当的是教学的素材，但并不意味着我们的教和学可以脱离文本，而是要更加关注语文素养和文本价值，强调情境、任务与单篇文本内容、重点、难点的贴合度。除此之外，"单篇情境任务"的设计应基于专题学习内容，在某一点上深入挖掘、探讨，而不仅仅是局限在单篇的任务。任务群视域中的单篇教学仍然要有大单元的设计理念，了然单元整体目标，整合以单篇为主体的微专题学习内容，以凸显语文课程的实践性以及学生的主体地位，促进学生实现真正的成长。

第三节

"双新"背景下高中语文信息化情境教学的路径

《中国教育现代化2035》指出，要加快信息化时代教育变革。在线教学将不断完善、深化，并极有可能以新的形式融入日常教学中。华南师范大学教育信息技术学院教授焦建利教授认为：虽然目前在线教学取得了各种成果，但是在线教学的质量问题显得尤其值得关注。的确，在满足了教师、学生最基本的教学需求、心理需求之后，我们必须开始真正关注教学质量、教学路径方面的问题。

一般而言，线下学习的优势在于即时性互动交流，多维度现场信息有效促进学生学习认识与反思；线上学习的优势则在于个性化的学习机会，广大的试错空间与精准的评价对激发学生个体优势及潜能有着不可替代的价值。对于立足"情境"的线上教学来说，主要以学生为主体，引导学生进行自主性学习。自主性学习重在激发学生对自我效能的认知，引导学生自主学习、自我监控、自我反思。通过导学案编制和信息化技术的应用，形成了"课前学生自主学习、反馈初步学习结果—课中深度探究关键问题—课后及时评估、反馈调控"的教学模式。

一、"方案设计"是前提

为什么"方案设计"是前提？在线教学已经开展了一段时间，教师不应该再纠结于操作层面的问题，而是要根据在线教学的实际情况专门设计教学课程。我们常说，一出好戏关键在脚本，那么一堂好课的关键就在于怎么设计。没有好的"设计方案"，不可能有高质量的学习。之前，教师们讨论的重心主要集中在技术层面，比如资源怎么找？演示文稿怎么设计？怎样多方互动？……这些，最多只能算是充分条件，而不是必要条件。归根结底，好的"设计方案"才是硬道理，才是必要条件。

那为什么称其为线上"设计方案"，而不说"教案"？主要有两方面原因：其一，是因为在线教学中，大多数教师还是会用以往的传统教案进课堂。当然，传统教案也可以支持在线教学，但长此以往一成不变必然产生问题。在线教学初期，很多教师以为他们只是从实体教室来到虚拟教室，换个地方上课而已。其实，教师面对的"情境"和以往的"情境"已经大相径庭了。从课前准备、课堂提问、活动设计到互动讨论，都需要提前"设计",更不要说在线答疑、课后辅导、数据评估、学点完善等,这已经不是一个传统教案了。其二,传统教案往往是站在教师立场,而不是学生立场。传统教案告诉别人的是教师自己想做什么,而不是学生要怎么学,应用在传统的课堂里,或许问题还不大,但是在虚拟的空间中,学生每天对着冷冰冰的屏幕,他们很难对教师的一厢情愿的行为长时间集中注意力。

因此,要想真正达成立足情景的在线教学,教师要通过课前调研,了解学生的学情;通过方案设计,把控课堂全局;通过反馈信息,及时修正、调整方案。

二、"个性化方式"是重心

对于立足情境的在线教学来说,个性化的教学方式非常重要。以笔者所在学校信息化教学为例,一般分为三种教学方式。

1. "日常积累型"教学方式

曾在语文学习中存在感较弱的 A 同学认为,对教师"指定资源"、每天在平台上进行个人自主学习,即便犯错也不难堪,先学后练,更易于思考问题产生的原因,每日更新的成绩榜单更会令人成就满满!再多知识点也不会"亚历山大"!

我们称这种教学方式为"日常积累型"。从心理学上看,在完成较难的大任务时,大部分学生渴望得到及时、直观、持续的反馈刺激。在信息平台教师设计的"日拱一卒"小程序的支持下,学生在每一个小任务的完成过程中均有收获感(图 5-1、图 5-2)。此种教学方式引导学生利用碎片时间灵活、弹性但持之以恒地在线学习,并可通过对在线学习时间、正确率、复答率等数据的分析,启发学生素养中"学习管理"意识,使之在学

语文				
序号	学号	姓名	答题数	正确率
1	1101	曹×	740	84.2
2	1113	陈××	555	80.8
3	1130	张××	492	83.5
4	1104	鞠××	488	93.3
5	1103	贾××	466	80.0
6	1102	曹×	445	75.9
7	1106	吴××	395	86.1
8	1122	李××	391	83.2
9	1109	袁××	375	85.9
10	1132	庄××	373	84.2
11	1108	徐××	355	77.9
12	1116	胡××	335	81.6
13	1120	金××	326	84.8
14	1123	梁××	325	81.4
15	1134	项××	305	81.0
16	1110	郑××	300	82.9
17	1118	江××	300	85.7

图 5-1　教师界面的班级答题统计表

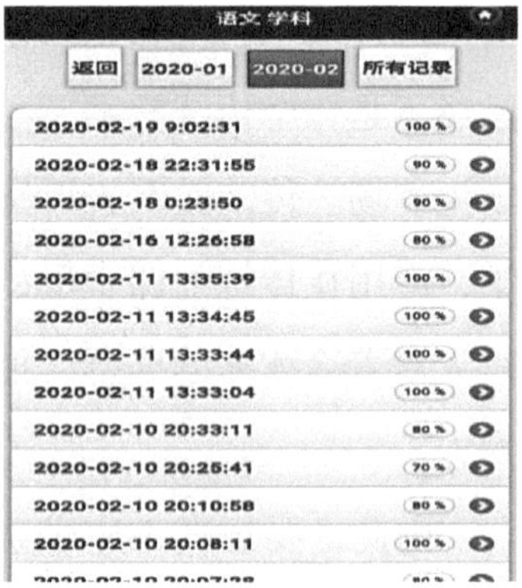

图 5-2　学生手机端答题一览

习的过程中自我管理、自我激励，保持积极的学习情绪。

2.“自主选择型”教学方式

在线“自主选择型”教学方式则给部分特殊的“作业困难户”带来另一种惊喜。B 同学由于自身情况，拒绝“面面俱到”，选择先练后学，专注于自身错处，“精选”学习，效率更高！对烂熟于心的内容选择略过，对疑难陌生的内容重点攻克，恰是“自主选择型”教学方式的优越特性。

这种自主选择中，教师引导学生先自我梳理知识树，诊断明确已知与未知后进行个性化的补漏，避免低效重复劳动。此种诊断包括两层意思：一是明确哪些知识点还存在漏洞；二是反思自己判断错误的根源在何处，是手法概念还是内容理解。在此基础上，教师可以有目的地提升课堂互动与个体辅导效率。

允许学生自主选择学习资源，实际上也是教师引导学生依据学点为自己设计合适的学习策略，“选择适合自身的、有效的策略，学会更为灵活地学习”，激发学生主动寻求学习支持、自我检视反馈的潜能，通过观测检索资源、提出资源要求、在线提问等方式，有效引导学生主动寻求学习机会（图 5-3）。

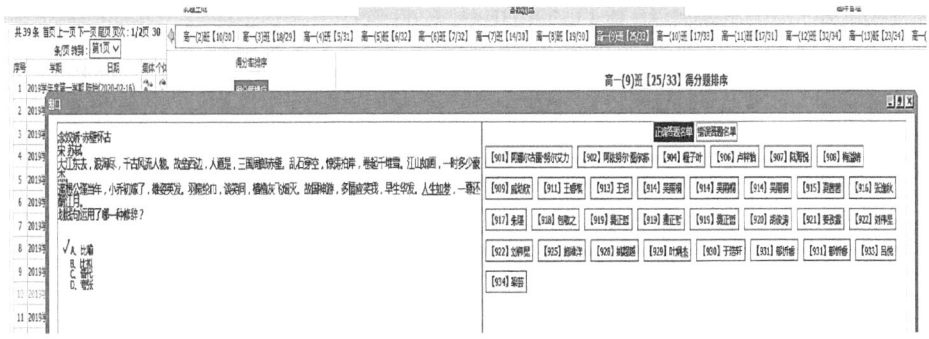

图 5-3 信息化教学平台学生答题情况汇总

3. "思辨建构型"教学方式

C 同学反映自己对部分练习的线上解答不能理解，提供的解答与其自主学习所得有所出入。疑问激起"求知心"，将质疑过程发布在线上互动区后，班级同学积极参与讨论（图 5-4），最终不仅掌握了两项修辞手法之区别，更发现其运用特点。正误判断非学习之终点，机器也非替代教师掌握真理的权杖，人文学科中，学生对答案的质疑、对资源之间关系的深入探讨恰是进入题目背后巨大学习空间的契机！

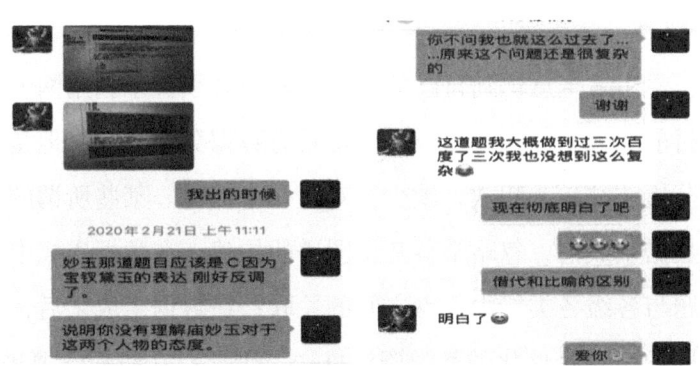

图 5-4 师生互动一瞥

这种教学方式，可称为"思辨建构型"。该种教学方式在学会反思方面给学生以启蒙，尤其助力一些具有批判精神、渴望平等探讨、善于在提问和反思问题中构建自己知识体系的学生，可提升学生的批判性思考素养，而这一素养也是乐学善学中较高阶的素养，是较高层次的自主学习。

上述三种教学方式，基于信息化，改变传统，根据不同的学生营造不同的"情境"，有效助力学生古诗词阅读能力的提升。

三、"数据分析"是助攻

在信息化教学的过程中，教师既要设计又要演绎，既要出题又要批改，既要辅导又要答疑。但是，渐渐地，学生的好奇之心还是被懒惰情绪所替代。难道仅仅因为学生在线学习缺少约束力？

当然，教师还可以通过适当的"在线考测"约束学生，但是考测的结果在学生心中掀起"微澜"之后，很快又归于平静。其实，本质原因还是学生不了解自身的情况，不知道自身问题的根源在哪里，也得不到个性化的分析。因此，即便教师反复地出题、批改，也没有达到预期的效果。

其实，要让学生意识到自己的问题，教师必须善于利用网上即时生成的数据。目前，大多数在线教学平台都具有数据分析功能，但是提供给师生的数据分析往往较为粗放，缺少针对性、个性化。某些所谓的在线教学平台，在数据生成前，忽略学科知识图谱的构建；在数据生成中，从未形成网上习题与各级各类能力要点之间的关联；在数据生成之后，也无法生成针对不同学生的个性化的教学资源推送。因此，在线教学要进入2.0时代，就必须满足现阶段师生对数据分析的精准化、个性化的需求。研究者必须在原本的基础上不断精进、提升，才能实现真正的在线个性化教学，才能形成信息化支持的有效情境教学。

四、"共享意识"是效率

在线教学比任何时刻都更需要"共享意识"。要开启在线教学 2.0 时代,必须进一步提升教师们的"共享意识"。

线下教学中,教师在彼此交往的过程中也能够做到相互启发、相互帮助,但是在教学资源、教学经验、教学成果等方面的"共享意识"相对薄弱。线下的教师不会刻意地、定期地、系列化地与同伴"共享"已有的资源。

在线教学中,教师们面对的是一个全新的、未知的、浩渺无垠的信息化世界。每个人看到的只是"冰山一角",只有"合力"才有可能窥视"全貌"。仅凭教师个体的力量、精力,显然无法应对。若要在今后的在线教学中持续发力,教师们必须懂得携手共进。

比如,在笔者所在学校的微信教学中,我们借助"微信公众号"获得更大范围的关注。学生可以通过关注本校语文学科公众号或推荐给朋友等方式扩大本校学科公众号的影响。学生的课外学习从个体延展到群体,不仅提升了语文学习的交互性、高效性,更契合当下的时代特色和知识特征。"联通主义"强调教学是一个开放的过程,主张学习者利用当前的社会交互工具建立学习环境,并在此基础上形成个性化学习网络,实现知识的流通。现代高中生具有独立的思想、开放的观念、张扬的个性,他们渴望新的视野,更渴望被关注。

在微信公众平台上,教师可以把推荐的优秀作文、随笔、经验方法的介绍向更广的范畴推送、辐射。相对校刊或学校文学报等纸质类刊物,显然学科公众号的传播力量更加强大。如果兄弟学校、联盟学校间能相互关注,其效应更是不可估量。目前很多学校通过线上教研会议、线上备课会议等形式，进行教学研究、实现互通有无，这也是培养"共享意识"的有效途径。但是随着在线教学的步伐不断地向前迈进，教学资源的"共享"势必需要有目的、有计划、系列化地推进。

第六章 CHAPTER 6
高中语文情境教学单篇和单元例证

经过前期对情境教学,尤其对"双新"背景下高中语文情境教学的研究,我们对情境教学的发展渊源及当下的价值、"双新"背景下高中语文情境教学的现状和困境、"双新"背景下高中语文情境教学的内涵和理论依据、构建"双新"背景下高中语文情境教学的原则和策略、实施"双新"背景下高中语文情境教学的路径和关键技术等方面有了全面的认识、深入的思考。在此基础上,笔者进行了初步实践,本章选编了若干篇论文,在单篇情境创设、单元情境创设和信息化技术应用方面作了一些尝试。

第一节

单篇情境创设

思韵流转，境随情开
——高中语文教学情境创设初体验

【导读】在新课标的引领下，教师在语文课堂上尝试创设所谓的"情境"：诸如展示与教学内容相关的图片，利用多媒体播放相关的音视频，甚至通过技术模拟真实环境。不可否认，教师们的确利用各种"客观环境因素"优化了教学环境，但是也仅限于教学环境，并不完全是教学情境。教学情境不仅指"客观环境"，还应该有"教学主体（教师、学生）"参与其中，共同作用于环境，形成某种情感氛围。教学中，教师和学生的"言语思想""情感体验""感发互动"同样也是教学情境的重要组成部分，只有教学主体参与的"环境"才能称之为"情境"。因此，本文所探讨的主体不是"静态的环境"，而是在教学场景中蜿蜒流转的情感的交流、思想的碰撞。

【关键词】教学情境　客观环境　教学主体

《普通高中语文课程标准（2017年版）》提出以"主题"引领，使课程内容"情境化"。[17]《普通高中语文课程标准（2017年版）解读》倡导，围绕一个"具体的项目"或者"上位问题"，创设"情境"。[18]一时间，各个学校以"情境"为主题的教学研讨、教学实践活动纷至沓来。

什么是"情境"？什么是"教学情境"？卢梭认为教学从生活中来，

布鲁纳主张通过创设情境激发学生兴趣，心理学家强调向学生提供解决问题的"环境"。语文教师们也深刻地感受到，仅靠常规的课堂讲授难以达到理想的教学效果。在新版课程标准的引领下，教师们已然在语文课堂上尝试创设各种所谓的"情境"：诸如展示与教学内容相关的图片，利用多媒体播放相关的音视频，甚至通过技术模拟真实环境。不可否认，教师们的确利用各种"客观环境因素"优化了教学环境，但是也仅限于教学环境，并不完全是教学情境。

在王昌龄的《诗格》中，对"情境"诠释是"有情之境"；在《辞海》中，对"情境"的解释是"情景"。既然"情境"有"境"也有"情"，那么"教学情境"就不仅指"客观环境"，还应该有"教学主体（教师、学生）"参与其中，共同作用于环境，形成某种情感氛围。教学中，教师和学生的"言语思想""情感体验""感发互动"同样也是"教学情境"的重要组成部分，只有教学主体参与的"环境"才能称之为"情境"。因此，本文所探讨的主体不是"静态的环境"，而是在教学场景中蜿蜒流转的情感的交流、思想的碰撞。

一、除了"激趣"，还得"促思"

教学过程中，很多教师只是改变了客观的环境，比如时空环境、设备环境等，却误以为创设了独特的教学情境。当学生对新的环境习以为常之后，便觉索然无味。原因在于，"客观教学环境"最多只能"激趣"，而"教学主体"才是形成"思想交锋"的根本所在。只有教学主体作用于"环境"才能称之为"情境"。

在《雷雨（节选）》的教学中，教师为了激活课堂，采取小组合作学习的形式，把班级学生分成了若干学习小组，以小组的形式进行问题研究。这种通过重新编制学生的座次来构建"空间环境"的做法，是如今课堂中普遍运用的方式，也是各级各类教学公开课的"必杀技"。改变"空间环境"确实能够激发学生的课堂参与度。问题是，有些教师误以为这就是教学情境的创设。比如，某课堂的学习任务为——在"合作情境"中探讨"鲁侍萍的性格特质是什么"。明确任务后，完全由学生通过小组讨论得出结论。

从这个过程中，我们可以捕捉到以下问题：第一，教学者只是创设了特殊的"空间环境"，而不是"情境"。第二，教学者设置的这项"寻常任务"是否一定要借助"特殊环境"才能解决，在"常规环境"中就无法解决？第三，教学者是否只关注到了客观的"合作情境"，而忽略了主体的"问题情境"？忽略了"教学主体"在"情境"中的作用？

很多教学者只是改变了"情境"最外延的部分，"情境"的内涵却没有随着外延的改变而改变。偶尔为之，学生会觉得挺有趣；长此以往，对于思想已趋向成熟高中生而言，索然无味。因为，"虚张声势"的"躯壳"里没有"教学主体（教师）"细察学情、灵活机动、引导启发；也没有"教学主体（学生）"拾级而上、克服障碍、深入思索。因此，教师创设教学情境，不能只考虑客观的环境因素，还要考虑环境中主体（教师、学生）对课堂任务的探究是否持续推进？教学者首先还是要对学情进行深入分析。"鲁侍萍的性格特质是什么"这类问题，且不论其是否具有探讨价值，恐怕对高中生而言也缺少一些挑战性。教师只要略作课前调查就会了然，让更多高中生费解的是"周朴园与鲁侍萍之间的感情纠葛"。教师应该有意识地提出学生特别想探索的并且能够引发他们思考深度的富有挑战性的任务、问题，充分调动学生在探究中的情绪，这样才能和"非常规"的教学环境相得益彰，才能营造出情境。当然，学生对主人公的"感情"问题充满热情，势必缺少逻辑。此时，教学者应该随时针对学生的困惑进行引导、启发，比如从"人物语言的矛盾性""表情的细微变化""对模糊表述的辨析"等方面，分丝析缕，帮助学生摆脱思维障碍，直至人物内心。从而，使小组的探讨任务不断深入，达到教学"环境"和教学"主体"的高度统一。

二、除了"还原"，还需"唤醒"

钟启泉教授认为，教学情境是指创设含有真实事件或真实问题的情境。为了营造"真实的教学情境"，教师充分利用舞台演绎、相关图片、多媒体音视频甚至 AR 技术等，在教学中"还原"各类作品中的"真实情境"。殊不知，钟教授还说过，真实的情境的营造还要靠学生自主地理解、构建意义。[19]对语文学科而言，尤其如此。语文学科的情境需要那么逼真、写实吗？我们又不做科学研究？教学者替学生把教学中的真实情境打造出来，那让学生做什么？真实情境难道不是由心而造，因人而异的吗？

在《最后一片常春藤叶》的教学中，教师让学生在课堂上倾情演绎老贝尔曼如何在狂风暴雨中完成生命中最后的杰作，却罔顾学生因认知不同、理解不同而生成的不同情境。有时教师所谓"真实情境"的营造，难道不是对学生的想象力和创造力的遏制吗？在《荷塘月色》的教学中，教师借助音乐、画面以及视频资料，意在课堂上展示给学生一个真实的意境。配乐和画面是否恰如其分姑且不论，教学者凭什么判断这就是学生眼前浮现出的真实的画面？又凭什么判断这就是学生心中流淌出来的真实的声音呢？在《鸿门宴》的教学中，教师指导学生重新摆放教室的桌椅，把教室布置成鸿门宴的场景，甚至以文具作刀剑、以作业本当酒菜。同时组织学生进行角色扮演，对鸿门宴中不同角色的演绎细致入微。不可否认，如此"写实"的环境的确逼真、有趣，但是语文教学就一定要靠实物才能还原真实情境吗？但凡有些经验的教师自然心知肚明，语文学科的教学情境的"真实性"不是靠"还原"，而是靠"再造"，"真实情境"的"再造"离不开教师和学生。

营造别具匠心的真实"环境"并非不可以，但是真实的"情境"呈现的不仅是场景，更要传递"思想""情感"。传递真实的"思想""感情"的"环境"，才是"真实情境"。教学者要通过"环境"来唤醒学生已有的"生活经验"或"情感体验"，这才是语文学科的"真实情境"的"再造"。因此，在《鸿门宴》的教学中，除了让学生模仿人物的神态、动作，教师是否可以启发学生"以项羽的心态思考问题""以刘邦的心态思考问题"，让学生自己把人物的潜在台词、潜在心理以及各种复杂的思想、情感"脑补"出来，"再造"出来。也就是说，在课堂中不仅仅让学生置身于当年的环境中，更让学生"穿越"到当时人的灵魂中，用自己的体验理解当时的人物，也用当时的人物浸润自己的心灵。这样，才算是"再造"了语文学科"真实的教学情境"吧。

三、除了"构建"，更要"碰撞"

我们常常习惯说"创设"教学情境，或者"构建"教学情境。往往让不明就里的教师误以为教学情境是一种"静态的环境"。事实上，情境教学是一个"动态"的存在，其中"情"与"思"流转，别开生面。相关研究者认为，具有"情境"的教学是文化传播中特定对象在阅读中产生的审美反应所构筑起来的"教与学彼此呼应（对话）"的一种教学模式。[20]教学情境中蕴含着教师和学生情感的交流、思想的碰撞，并且随着思想、情感的涌动，不断地自我完善、生成。

目前，在情境创设的过程中，教师与学生情感的交流、思想的碰撞较为欠缺，由于教师自身的情感、思想投入不够，所以也无法对学生加以调动，课堂的"情境"也很难达成。忽视教学主体（教师、学生）彼此之间的情感投入、思想碰撞，必然导致原本就根植于人情、人性、人生的语文学科，最终远离真实的生活体验。语文课堂中若没有情韵飞扬的"魂"，再高效的环境建设也只是一个"躯壳"。

因此，教师和学生应该将自身的情感体验融入课堂情境，这样才能塑造最精彩的"情境"。在《雷雨（节选）》的教学中，笔者为了让学生把周朴园当作一个"人"来看，和学生之间有过一段"思想交锋"。笔者故意对学生说："周朴园之所以觉得受到威胁，是因为害怕鲁侍萍敲诈他！"话音刚落，立刻遭到某生反驳："我觉得他更害怕是，鲁侍萍的到来，导致自己人设的崩塌。"笔者顺势接话："总之，虚伪的周老爷就是害怕失去现在所拥有的一切嘛！"此话一出，很多学生坐不住了，其中一个同学说道："一个人失去了生命中那么多重要的东西，不自欺欺人，怎么活下去？"教师虽暗喜，却仍按兵不动道："他的确失去了很多，可作为资本家，他拥有的东西可太多了！"有学生突然站起，无奈地望着笔者："我们在谈感情呀，老师。周朴园在感情世界失去得太多了！"此生的男性同桌也忍不住说道："当年，他连心爱的恋人和骨肉都守护不了，作为一个男人，太失败了。他不能让一切失控呀，你要理解他！"

这就是所谓的"情韵流动""思维碰撞"了。这里可曾借助了任何客观环境因素？没有！只有语言交锋。语文学科中，触动灵魂的"语言"也可以生成"情境"。学者孔凡成认为，"主题—情境"是对单元内所有学习材料（选文、语文学习活动设计等）共同语境的概括。[21]高中语文教学应该形成更真挚的情感体验，更深入的思想交锋，而这一切大多通过"你来我往"的"语言"来实现。在这样的"情境"中，才能培养高中生的审美情趣，激荡出他们对于生活的哲思。

四、结语

客观的环境因素的确可以用来激发学生的兴趣、再现真实的情景、构建外在的世界，但若是不能激发学生进一步的思考，不能唤醒师生的"再造"，无法催生师生间情感的交流、思想的碰撞，那么环境还是环境，无法成为真正意义上的"情境"。

如何在教学中落实新课标中的三种情境

【导读】新课标指出：语文实践活动情境主要包括个人体验情境、社会生活情境和学科认知情境。新课标对"情境"的分类非常清晰。可是，我们应该如何理解这些概念？如何区别不同类型的"情境"？又该如何把这些概念落实到日常教学中？

【关键词】个人体验情境　社会生活情境　学科认知情境

新课标中提及三种情境，分别为个人体验情境、社会生活情境和学科认知情境。我们应该如何理解这些概念？如何区别不同类型的"情境"？又该如何把这些概念落实到日常教学中？

一、关于"个人体验情境"的落实

在单元阅读教学中，教师经常抱怨学生不能主动提问、质疑、思辨、探究，即便学生主动提问、主动质疑，大多教学的价值和意义不高。主要原因在于学生被局限在教材中，没有一定的阅读量，就不可能产生自己的思考、情感、体验，所以学生的质疑、学生提出的问题是被局限的，是靠直觉的。因此，这也就是为什么要强调"个人体验情境"。

新课标指出："个人体验情境指向学生个体独自开展的语文实践活动，如在文学作品阅读过程中体验丰富的情感、尝试不同的阅读方法以及创作文学作品等。"

所以，"情境"不仅仅在课堂中才能生成。学生需要有自己的空间，产生自己的思想、情感、体验，这是前提，这样才能和其他人的思想、情感、体验产生碰撞。学生束缚在有限的文本中、教材中，无法进行深入的思考，无法获得更丰富的情感体验。

在统编教材必修下《红楼梦》单元的"人物专题"的学习中，需要鉴赏小说中"圆形人物"的形象。在传统学习中，学生只能通过有限的文本归纳分析人物形象，但是在整本阅读中，学生就可以通过前后片段勾连、比较分析等方法，更全面地把握"圆形人物"的形象，而不是仅仅通过阅读某一个章节获得比较片面的认知。比如，很多学生认为小说中的薛蟠这一人物蛮横粗鲁，这是因为学生对他的印象更多停留在他打死冯渊、霸占香菱这一章节中，这是不利于我们对"圆形人物"的理解的。但是，当学生整合前后章节的片段进行了整体阅读后，产生了更丰富的情感体验、更深度的思考。

"一为送妹待选，二为望亲，三因亲自入部销算旧帐，再计新支。"

"早已打点下行装细软，以及馈送亲友各色土物人情等类。"

"不想偏遇见了拐子重卖英莲"，又"见英莲生得不俗"。

"更比诸人忙到十分去，又恐薛姨妈被人挤倒，又恐薛宝钗被人瞧见，又恐香菱被人臊皮，知道贾珍等是在女人身上做功夫的，因此忙的不堪。忽一眼瞥见了林黛玉风流婉转，已酥倒在那里。"

从这些信息中，我们看到薛蟠是有很多面的，并非我们所想象的那般低俗不堪。只有拥有了一定的阅读量，在文学作品阅读过程中体验丰富的情感，学生才会走出直觉。

但是，学生即便阅读了《红楼梦》的全篇，他们就会关注到以上这些情节吗？学生需要学习资源，但必须是可操作性的学习资源，进行有针对性的沉浸式的自主学习。

在统编教材选择性必修上册"诸子百家哲学思想"单元的教学中，我们不仅让学生精读教材中的作品，更鼓励学生查阅课外资源。当然，不是让学生盲目地搜索课外的资源，而是由教师提供。学生的精力有限，对课外资源的辨别能力更是有限，学生不能他们把有限的时间全部耗费在语文学科课外资源的搜寻上。其实，教师可以把这件事情做得更加有效率一点，复旦附中的王白云老师一直强调教师应该把梳理工作提前做好，以供学生参考。比如，在"现代散文——淡而有味的语言"专题教学中，我们把"助读资料"分成语文知识、人物传记、相关评论、选读篇目、推荐书目等板块。因为是散文单元，所以向学生提供了关于"散文""散文的特点"等方面的语文知识；而人物传记可以帮助学生知人论世；相关评论则是通过不同的声音，激发学生的思考；更有选读篇目和推荐书目帮助学生触类旁通，进一步拓展。

除了这些文本资源，教师还可以提供学生信息化资源，通过线上微课，为学生提供相关辅导。这样，学生才能打破局限、走出直觉，获得丰富的情感体验，产生深入的思考，产生"个人体验情境"。

二、关于"社会生活情境"的生成

"社会生活情境"指向校内外具体的社会生活,强调学生在具体生活场域中开展的语文实践活动,强调语言交际活动的对象、目的和表现方式等。其中,"校内外具体的社会生活"是指学习活动背景,"语文实践活动"是指学习活动类型。

既然"社会生活情境"是"指向校内外具体的社会生活""语文实践活动",那么,其体现的就是新课标中所倡导"真实情境"的仿真性、实践性特征。"社会生活情境"更适用于像"当代文化参与""跨媒介阅读与交流""实用性阅读与交流"等与社会生活关系密切的任务群。事实上,几乎每一册教材都有一个实践活动单元。那么,如何在这些单元中展开丰富多彩的社会实践活动,又不失语文性呢?

"社会生活情境"仍然以阅读与鉴赏、表达与交流、梳理与探究等语言实践活动为主。以活动化程度最高的统编教材必修上册第四单元为例,该单元的三个核心任务均为典型的语文活动:"写家乡人、物志""撰写调查报告""拟定文化建设建议"。统编教材必修上册第二单元任务二要求"撰写人物通讯",任务三要求"草拟优秀新闻评选标准""合作撰写推荐书",任务四要求"写一个熟悉的劳动者",也都是扎实的语文活动,体现了语文性。那么,又如何从中生成"情境"呢?

统编教材必修下册第四单元是"信息时代的语文生活"。这个单元也是典型的实践活动单元,教师可以从中设计出丰富多彩的学习活动,学生对这类社会实践单元非常热衷。为什么热衷?操作性强、实践性强、真实性强,归根结底情境性强。但是,并非教师设计了实践活动,学生热情参与了,就是创设了"社会生活情境"。比如在该单元学习中,教师设计的实践活动是：学校近期拟举办一次戏剧节，以第二单元中的《雷雨（节选）》和《哈姆莱特（节选）》选段作为参演剧目，每个班级参加展示及评比。通过小组合作，为你的班级节目设计一个跨媒介宣传推广方案，展现班级戏剧编排特色，以赢得更多关注和支持。

从活动表述来看，它和现实生活结合得比较紧密（或者说，它就是现实生活），学生也非常热衷。但是，在活动具体推进的过程中，"情境"很难持续性、伴随性地生成，学生的热情容易被"点燃"，也容易"熄灭"。原因就在于实践活动中，学生所处的环境、面临的问题、交际的需求都会不断地变化。也就是说，为了确保学始终处于"社会生活情境"中，教师要不断地指导、启发学生根据所处的特定环境、面临的特定问题、自身交际需求，进行反馈、调整和推进，这样才能确保学生始终处于"社会生活情境"中。

比如统编教材必修上册第二、四单元，对应"实用性阅读与交流""当代文化参与"任务群，学习任务均主要指向"社会生活情境"，要求学生在具体生活场域中，针对特定问题和交际需求进行表达交流。而对应"文学阅读与写作"任务群的三个单元，合作编辑诗集、举办班级诗歌朗诵会等指向"社会生活情境"的学习任务均设置在单元学习的中后阶段。这就要求教师准确把握不同学习阶段情境的特征，对学生正确地引导，促使其有序推进。该让学生涵泳的时候，教师给足学生空间与时间，保证其静心阅读、深入思考；该让学生交流合作的时候，教师就要提供充分资源与支持，解决问题，落实成果。

三、关于"学科认知情境"的创设

"学科认知情境"指向学生探究"语文学科本体"相关的问题，并在此过程中发展语文学科认知能力。"学科认知情境"是在教学中运用较多，也最容易被教师误解的一种教学情境。

很多教师受到"社会生活情境"的启发，在创设"学科认知情境"的时候，也是如法炮制。比如在教学统编教材必修上册第一单元时，有些教师设置了这样的一些任务。

> 任务一：将《百合花》《哦，香雪》改编为剧本。
> 任务二：观看《百合花》电影，替电影制作公司创作一张海报。
> 任务三：给《哦，香雪》这部电影写主题曲的歌词（因为《百合花》这部电影有主题曲歌词，但是《哦，香雪》这部电影却没有歌词）。

赞成这种做法吗？是否有不太妥当的地方？——"学科认知情境"也可以通过"仿真的实践活动"来创设，但是，"社会性""仿真性"肯定不是唯一手段。那么，"学科认知情境"是如何创设的呢？

"学科认知情境"的生成有三个要点——它的学习活动是"探究"不是"实践"；其学习内容是语文学科本体相关的问题；学习目标是发展语文学科认知能力。根据华东师范大学叶丽新博士的观点："学科本体"涉及语文学科的各种知识，以及学科的规律性知识；学科认知能力是在解决学科问题的过程中发展起来的专门能力。"探究"属于相对复杂综合的高阶认知活动，指向深度学习。因此，"学科认知情境"的设置更难！那么，"学科认知情境"如何生成呢？

在学习契诃夫小说《装在套子里的人》时，教师往往会分析华连卡这一人物，在传统的教学中，教师往往会要求学生找到文中相关信息，归纳出人物特征。这样一来，便无情境可言。当然，学生也可以进行角色扮演、舞台演绎，这样一来生成却是"社会生活情境"。而"学科认知情境"

指向学生探究"语文学科本体"相关的问题，直接涉及语文学科的各种知识，以及学科的规律性知识！因此，我们不妨假设这样的"情境"：别里科夫在骑车事件和漫画事件发生之后，去华连卡家，碰到的不是华连卡的弟弟，而是华连卡本人。设想一下，华连卡和别里科夫之间会有怎样的对话呢？在还原二者的对话过程中，实际上也是在促使学生结合全文分析出华连卡这一人物的个性特征！这才是"学科认知情境"，在完成课堂任务的同时，直击语文学科的本体知识。

因此，"学科认知情境"不是通过"仿真型"的任务来实现，而是通过课堂"任务"驱动学生进行自主探究语文学科本体知识，甚至由此产生自己的思想、情感、体验。

四、结语

通过"个人体验情境""社会生活情境""学科认知情境"三种情境的分析，我们意识到此三者学习的背景、学习的类型、学习的目的都不尽相同。在教学过程中，教师要有所辨别。当然，"个人体验情境""社会生活情境""学科认知情境"都可以进行复杂而有机的融合，从而使我们的语文教学具有灵活度、现场感和有效性。

沉醉心灵张力，形成情境教学
——以统编教材选择性必修上册第三单元《复活（节选）》为例

【导读】存在着对立而又相互联系的力量、冲动或意义的地方，都存在着张力。教师在小说教学中能利用好这些互相冲突而又互相依存的因素，就能使学生们对人物、对小说始终保持着高度的期待，使学习主题始终沉浸于情感、心灵的拉扯中，沉醉于"文本情境"中，从而形成有效"教学情境"。

【关键词】小说张力　教学情境

一部成功的小说必然具备三个条件——栩栩如生的人物形象、跌宕起伏的故事情节、恰到好处的环境描写。但是，我们想写出一篇优秀的小说，仅仅拥有这些还不够，它必然还需要一种能牢牢抓住读者心灵的东西，那种让人忍不住往下读的东西——那就是小说的张力。

什么是张力？在物理学概念里面张力是指两种以上互相冲突而又互相依存、互相补充的诸因素之间的一种存在方式，也即各种互为抗衡势力的某种调和，或者说"矛盾中的稳定模式"。

英美新批评派理论家艾伦·退特在其《论诗的张力》一文中把此概念引入文学理论，主要为了阐释诗歌语言中外延与内涵的对立统一现象。其实，"凡是存在着对立而又相互联系的力量、冲动或意义的地方，都存在着张力"。[22]它包含了情节的张力、语言的张力、角色的张力等。教师在小说教学中能利用好这些互相冲突而又互相依存的因素，就能使学生们对人物、对小说始终保持着高度的期待，使学习主题始终沉浸于情感、心灵的拉扯中，沉醉于"文本情境"中，从而形成有效"教学情境"。

本文借统编教材选择性必修上册第三单元《复活（节选）》一文，对小说中的"艺术张力"进行分析和鉴赏。

一、情节张力，缘文生"境"，让学生的情感在"压抑"中爆发

成功的情节设计能够有效凸显叙事中的内在矛盾和张力，并以此吸引

读者的注意力、激发读者情感的变化。教师要善于利用这一点，促使学生"因文生情""缘文生境"。读者常常会有这样的阅读体验：随着小说中富有张力的情节不断地推进，读者积累了一些情感，获得了一定的关键信息，并敏锐地捕捉到情感高潮的气味，于是读者在之后的情节中自然而然地期待着情感高潮的来临。但是作者故意让我们眼睁睁地看着水杯里的水越来越满溢，而不让一滴水掉下来。从而造成读者的诉求被抑制，于是激发并增强了张力感。在情节张力的心理压强下"紧张的心智处于亢奋的状态"，刺激情感大量产生。[23] 引导学生感知这一点，故事马上就会充满紧绷的期待感与让人窒息一般的悬念，就会产生强大的趣味性，吸引着学生一口气不停地读下去，从而形成身临其"境"的情境感。

在《复活（节选）》中，聂赫留朵夫向玛斯洛娃忏悔。常规来说，这一情节的设置应该很简单——聂赫留朵夫真诚地忏悔，玛斯洛娃原谅他或者不原谅他。但是在小说中，聂赫留朵夫在实施这一行为的过程中困难重重。每当聂赫留朵夫要向玛斯洛娃表达内心诉求的时候，总是不断被周遭繁杂的声音打断。

【语段1】

"我想见见您……我……"

"你别跟我罗嗦了。"他旁边那个衣衫褴褛的男人叫道……

"您说什么，我听不见。"她叫起来，眯细眼睛，眉头皱得更紧了。

【语段2】

"对，我在做我该做的事，我在认罪。"聂赫留朵夫想。他一想到这里，眼泪就夺眶而出，喉咙也哽住了。他用手指抓住铁栅栏，说不下去，竭力控制住感情，免得哭出来。

"对你说：你去管闲事干什么……"这边有人喝道……

【语段3】

"请求您饶恕我,我在您面前是有罪的……"他又叫道。

她一动不动地站着,斜睨的目光盯住他不放。

纵观整篇课文,聂赫留朵夫类似这样的恳求重复了七八次。但是整个过程充满了阻碍,有空间的阻碍、时间的阻碍,外在条件的阻碍、内在心理的阻碍。为什么要这样"折腾"呢?仅仅是为了折磨聂赫留朵夫吗?此时教师要引导学生思考:我们希望看到什么?学生们经过教师提示,意识到在他们潜意识中也在急切地、紧张地等待着玛斯洛娃的回答,特别想知道聂赫留朵夫这样一个贵族老爷不顾自己的身份匍匐在一个女死囚玛斯洛娃脚下痛哭忏悔,玛斯洛娃到底会不会原谅他!接着教师因势利导:作者不断地设计情节障碍的目的是什么?学生们很快意识到,他们即时性的快感就被压抑住了,而随着情感一次次地被压抑,反而又一次次地强化了他们的情感期待!最后,觉醒了的玛斯洛娃终于原谅了聂赫留朵夫,这个姗姗来迟却终将到来的宽恕是那么撼人心魄、感人肺腑。整个过程学生沉浸在主人公的内心戏中,身临其"境"。

同样,上演玛斯洛娃认出聂赫留朵夫的戏码时,也是一波三折。教师引导学生感知玛斯洛娃的内心"张力",在聂赫留朵夫出现在玛斯洛娃面前的那一刻,学生们就在紧张地期待着玛斯洛娃认出昔日情人的反应,是惊讶?是痛苦?是愤怒?是深情?但是,一个回合、两个回合、三个回合,在反反复复中不认、不敢认、不愿认,读者的情感期待也在来来回回中被压抑,更在彼此牵扯中愈发奔腾。抑制的感情渐渐蓄满,情节的张力逐渐被打开,课堂情境也就随之生成。

在不少经典的作品中,张力的运用屡见不鲜,教师需要对其进行点拨、引导,否则无法促成学生情感倾泻而出的快感,也无法形成身临其"境"

的课堂氛围。

二、人物张力，缘文置"境"，让学生的心灵在"拉扯"中鲜活

小说的张力来自情节的张力，也来自人物的张力。人物的深层张力来自人物内心的矛盾，或者说在人物内心有一个中间地带，在这个地带内，没有明确的是非对错，作者只能让主人公暂时停留在那里，延宕徘徊在那里，左右为难，进退维谷，这样才能让小说充满张力。

而且，很多时候并不是作者故意让人物停留、徘徊，而是取决于牵扯住人物的两股力量！其中，一股力量是要解决问题，但是又有一股力量来阻碍它，两股力量自然生发、彼此作用。作者或许创造了这个虚构的世界，却无法操纵这个世界。就比如在海明威的小说《老人与海》中，老人反反复复、没完没了地徘徊在"绝望沮丧"和"重新振作"之中；还比如莎士比亚笔下的哈姆莱特，自始至终在"生存"和"死亡"前延宕。为什么会这样？当然，作者不是不可以让这些人物立场更加鲜明，对是非对错的判断更加干脆利落。但是，过于取向鲜明的人物，不仅带有被操控的生硬痕迹，更缺乏一种真实感。只有让人物顺应情节走向、故事逻辑，在虚构的真实世界中生成内心的矛盾，相持不下，并时不时地被双方拉扯。而且拉扯的力度越强、持续的时间越长，人物张力越大。教师引导学生体会这一点，随着小说中人物的内心矛盾，犹豫、徘徊，举棋不定，学生恍若置身其"境"，随着人物内心的撕扯而心荡神怡。

在《复活（节选）》中，玛斯洛娃其实很早就认出了聂赫留朵夫，在课文的第15小节"玛斯洛娃看到聂赫留朵夫激动的神气，认出他来了"，毕竟是曾经那么爱过又那么恨过的人，怎么会轻易忘记。所以，玛斯洛娃的问题不是"认不认识"，而是"想不想认"。

【语段1】

"您好像是……但我不敢认。"玛斯洛娃眼睛不看他，叫道。她那涨红的脸突然变得阴沉了。

【语段2】

最初一刹那，她把坐在她面前的这个人同她一度爱过的那个青年联系起来，但接着觉得她太痛苦了……

"涨红的脸""她一度爱过的那个青年"等表述说明当玛斯洛娃认出聂赫留朵夫的那一瞬间，她的内心定是心动的、激动的，但是她马上又恢复了冷漠。玛斯洛娃不断在两端游移，时而激动，时而冷漠，时而愤怒，时而媚笑，反反复复，令人捉摸不定。在教师的引导下，学生感受到在两种极端情绪的反复拉扯下，一个鲜活的灵魂在命运按压之下的苦苦挣扎，仿佛身临其"境"。昔日深爱的情人重现，怎会不愿相认？但是相认就意味着她要重新面对痛苦的经历！始乱终弃，怎会不愤恨？但是愤恨将迎来她更加生不如死的后半生！所以，作者只能让玛斯洛娃暂时停留在那里、延宕徘徊在那里，左右为难，进退维谷，富有张力的人物就这样生成了。

同样，聂赫留朵夫这一人物身上的张力，在选文中也很明显。我们相信聂赫留朵夫对玛斯洛娃的忏悔是真诚的，但是也有犹豫的时候。在忏悔还是放弃的心理拉锯中，聂赫留朵夫的灵魂得到升华，心灵走向复活。

学生也许并不喜欢主人公内心的反复地徘徊和延宕，却又着迷于这种相持不下、彼此拉扯。因为它赋予了人物更鲜活的形象，赋予了小说更深刻的内涵。就如《边城》中的翠翠始终让人念念不忘，就是因为人物内心那种似是而非的暧昧、那种举棋不定的犹疑、那些无处安放的纠结弥漫在全篇，更让学生沉迷其中、无法自拔，感同身受，置身其"境"！人物的两股力量，找不到出口，相持不下，一触即发。

三、语言张力，缘文拓"境"，让无限在"空白"中延展

语言的张力往往体现在言和不言的空白之处、不确定之处。教学需让学生体会到，文字间的"空白"召唤着他们，将他们卷入未知的空间，使学生们的阅读期待受阻之后又不断建立新的阅读期待，并在这一颇有张力的心理情境中，去感知、去生成、去审美。

波兰哲学家、文艺美学家罗曼·英伽登认为，文学文本作为一种语言形式，由于"不定域"和"空白"而生成张力，诱引着读者在阅读时通过想象等活动不断地进行着创造性的填补和重构，进行着理解者与作品之间的对话与交流。[24]在古今中外的经典文学作品中，普遍存在着对语言"空白"的创造性的填补和重构。比如在白居易的《琵琶行》中"别有幽愁暗恨生，此时无声胜有声""东船西舫悄无言，唯见江心秋月白"等诗句就在文字间为读者留下了大量的"空白"，虽然声音戛然而止，但是作品中的听众和现实中的阅读者们内心滋生的各种情感和思绪却在持续地翻腾和涌动。人有追求"完美"的本能，所以文学语言的空白造成审美心理的压力，也就产生张力。由此教师激发学生填补"空白"，形成情境，文学情境也就具有了无限的延展的可能性。

在《复活（节选）》中，这一点体现得尤其明显。当聂赫留朵夫在监狱中，第一次和玛斯洛娃近距离交流时，语言描写很有特色：

"我想见见……"聂赫留朵夫不知道该用"您"还是"你"，但随即决定用"您"。他说话的声音并不比平时高。

"我想见见您……我……"

我们可以很明显地感受到，聂赫留朵夫在"你"和"您"之间犹豫不决，说话断断续续，欲言又止。就读者而言，他们热切地期待着聂赫留朵夫把此行的目的向玛斯洛娃说个清楚明白，但是聂赫留朵夫语言中大量的"空白"不断地阻碍着读者的阅读期待，在这一触即发的对峙中，形成了张力。由此，教师激发学生填补"空白"，学生忍不住去思考聂赫留朵夫在"你"和"您"之间的"卡顿"是因为什么？是因为两人地位的悬殊？境遇的不同？还是因为他深深的愧疚？而藏在"空白"背后的聂赫留朵夫究竟要表达的是"原谅我"？还是"帮助你"？读者本能地通过"脑补"，丰富了人物形象，拓展了小说的内涵，获得了审美体验，从而进一步拓展了"文本情境"。

总之，正是由于文字间的"空白"，形成了各种"障碍"，生成了张力和美感，使文学作品的意蕴让无限在"空白"中延展，同时，使读者对人物、对小说始终保持着高度的期待。在小说阅读过程中，读者急迫的期待心理一旦与人物语言相互碰触、相互对峙，往往能从中突破语言的限制，走向无限，在人物语言之外领略到更深层次的内涵，从而获得更多的审美快感。

四、结语

用一个比较形象化的比喻来总结，张力，就是在满杯的水面上，看似摇摇欲坠却滴水不漏！这种力量一旦产生，作者的故事似乎一下子就充满了紧绷的期待感与让人窒息一般的悬念，这种期待感，对学生产生深深的吸引力，从而全情投入、身临其境。随之，小说的意蕴也随着张力在学生的心中无限拓展。

基于高中生情感需求的情境教学

——以《雷雨（节选）》教学实践为例

【导读】教育部统编教材《普通高中教科书·语文必修下册》再次节选了曹禺先生的《雷雨》这部经典的戏剧，同样的课文，却带来了不一样的挑战。教师必须确定学生愿意接受的"情感度"，针对学生的"情感需求"，发出刺激信息，使他们的感官产生满足和愉悦。而且，随着课堂教学活动的推进，教师时刻关注学生"情感需求"的变化，灵活地调整刺激信息，动态生成，以保持其在"情境教学"中的"情感饱和度"。当然，"情感渗透"必须和"认知"同行，这样才能同时获得心灵的愉悦感和求知的获得感。

【关键词】青少年身心发展　情感需求

在欣赏文学作品时，教师常常告诫学生，要投入作品中，沉浸人物角色中。而事实上，教师往往囿于"主观的见解"或者"预设的想法"，鲜少顾及学生的需求。

在教学过程中，一般只有教师自身沉浸到文本和人物中，才能带领学生沉浸其中，形成"情境教学"。但教师若是"强推"，不仅无法让学生沉浸，反而压制住了这个年龄的孩子的自然淳朴、真实鲜活的思想。比如，教师的设想是让学生理解茹志鹃《百合花》中军民之间的那种美好、真挚的感情，但是学生关注的却是小通讯员与两位年轻女性之间那种似爱非爱的关系；还比如，教师想通过萧红的《回忆鲁迅先生》让学生感受到人物的铁汉柔情，而学生却想探讨细节中传递出的两位主要人物之间微妙的关系；再比如教师拟通过曹禺的《雷雨（节选）》探讨社会对人性的压抑，但是学生好奇的是周朴园到底爱不爱鲁侍萍、到底有没有真感情。

这些是否就说明了我们的高中生的层次不高？当然不是。而是高中生已经具备独立思考的能力，对于很多问题都可以提出自己的见解。然而，在传统教学模式下，语文教学局限在单篇单讲中，阻碍了高中生对学科问题的整体认知、深度思考，限制了这些学生语文学科核心素养的提升。因此，教师必须确定学生愿意接受的"情感度"，针对学生的"情感需求"，发出刺激信息，使他们的感官产生满足和愉悦。而且，随着课堂教学活动的推进，教师时刻关注学生"情感需求"的变化，灵活地调整刺激信息，动态生成，以保持其在"情境教学"中的"情感饱和度"。当然，"情感渗透"必须和"认知"同行，这样才能同时获得心灵的愉悦感和求知的获得感。

为何不能从学生的关注点和兴趣点来解读人情、人性？难道只有从教师的设定出发才能触及人情、人性，从学生的角度启航就难以触及？温儒敏教授说，要顾及学生的阅历和认知。笔者认为，要真正激发出学生的内心情感体验，教师必须适时地放下成人视角、主观见解，尝试着与学生平等对话，引导学生真实地触摸，让学生真正沉浸于课堂情感氛围之中，从而达成有效的"情境教学"。

一、立足文本，各执一词

教育部统编教材《普通高中教科书·语文必修下册》再次节选了曹禺先生的《雷雨》这部经典的戏剧，与以往不同的是，编写者在此单元的"教学指导"中表明了"抱有同情""心怀悲悯"这样的倾向，在此文的"课文解说"中更提出了"三十年后的周朴园对鲁侍萍是否依然保留着真情"[31]，毫不夸张地说，编写者的问题简直问到了学生们的心坎里。

在以往的教学中，笔者与学生探讨比较多的是关于"鲁侍萍的悲剧命运"，由此切入，并非不好。只不过，更贴合学生对人情、人性的认知的，可能是"周朴园对鲁侍萍是真情还是假意"这类的问题。在课前学生的问题整理中，笔者发现近三分之二的学生提到了类似的问题。于是，笔者顺水推舟，在课堂内自然形成了"虚伪论"和"真情论"两个对立的阵营，并引导学生立足于《雷雨（节选）》这一文本来说服对方。

以下为课堂实录片段（生甲和生乙分别代表秉持"虚伪论"和"真情论"两方面的学生）

生甲：周朴园在未知鲁侍萍身份时，问鲁妈："她为什么不再找到周家？"然而，当他知道鲁妈就是侍萍的时候，他立即严厉地质问："你来干什么？"这还算有真情吗？

生乙：一个三十年都没有出现过的人，突然出现在你的面前，你没有疑惑？况且，就算鲁侍萍没有企图，从整个剧本来看，鲁贵粗俗扭曲，课文中也提到"鲁贵像是个很不老实的人"！鲁贵难道不让周朴园担心？

生甲：就算周朴园质问的不是鲁侍萍，他也是虚伪的。既然现在问："她为什么不再找到周家？"当初为什么把她从周家赶走？

生乙：请你们仔细阅读剧本！鲁侍萍说，"你们逼着我冒着大雪出去"，是"你们"，并没有直指"你"；她又说，"那是你们老太太看着孩子快死了，才叫我带走的"，是"老太太"让鲁侍萍走的时候也带走了孩子，当事人是周朴园的母亲！周朴园未必在场。

学生为什么能说得头头是道？因为这一些是高中生能理解的，是符合高中生对人情世故的认知的，是能够引起高中生的价值观冲突、碰撞的内容。学生在此过程中据理力争、全情投入，形成了高效而热烈的课堂氛围，从而实现了有效的"情境教学"。

二、换位思考，审视人性

学生能够各执一词，并且自圆其说，固然是好，但是教师不能让他们仅仅停留在这个层面。教师心里非常清楚，关于周朴园的"爱情"，绝对无法仅仅用"虚伪""痴情"或者其他某一个简单的词语来概括。经历过这么多的周朴园是深不见底的，而人性本来也是复杂难懂的。曹禺先生说过，塑造周朴园这一人物，并不是要去匡正什么，只不过想反映当时社会中像周朴园这样的人的"人性"而已。[25]那如何让学生丢弃艺术形象的脸谱标签，真正把周朴园当作一个"人"看待呢？

趁着学生那股"激情"还在，笔者又推了一把，以保持学生在已有"教学情境"中的"情感饱和度"。面对仍然较着劲儿的两拨学生，笔者提出了进一步的要求——三十年前，当事人彼此都欠对方一个解释，试结合文本，形成人物的内心的剖白。

笔者反其道而行之，先请"虚伪论"的支持者结合文本内容，以周朴园的口吻写一封短信给鲁侍萍，对自己的所作所为给出一个相对合理的解释；再请"真情论"的拥护者结合文本内容，以鲁侍萍的口吻写一封短信给周朴园，细诉当年的痛苦经历和心理感受。劳伦斯·斯坦伯格在《青少年心理学》中提出：青少年更能理解其他人的感受并推断出他们的动机和欲望。[5]从这一角度引导，对于高中生而言必然是蛟龙得水，游刃有余。

支持"虚伪论"的学生以周朴园的口吻写道：

我不想忤逆母亲，我是母亲唯一的儿子，但是我更不想辜负你！我想找到折中的法子，做妾的确委屈了你，但是我的心始终在你这里。我以为我们心照不宣，我觉得彼此还有商量的余地，但是你竟然带着病弱的孩子不告而别。我四处寻你，却传来噩耗，我心如死灰……家里的陈设、你当初的习惯，为了你，都不曾变过。或许你会认为我虚伪，我也不想再解释什么，但是一个人能虚伪三十年，假的也变成真的了吧……

支持"真情论"的学生以鲁侍萍的口吻写道：

其实我第一眼就认出了你，我本来想带着四凤一走了之，但是我不知为何还是想让你认出我，说不上原因，可能是我想让你知道我当初经历了什么，你的母亲让我做小，我没有同意，我相信你也不会同意，因为你不止一次对我说过，我们不是主仆，在爱情里我们是平等的；你也说过，你会娶我。然而，你竟然默许了！看着你在你母亲面前不发一言，你甚至不敢看我一眼，我绝望了。我不想再听你的解释，我也不再相信你的鬼话。与其这样屈辱地活、不明不白地活，我宁愿死！

那些一口咬定周朴园是伪君子的学生竟然道出了他的苦衷、真心；那些一味相信真情不死的学生竟然也看到了周朴园在爱情中的软弱、妥协与伪善。人性不是那么纯粹的，感情的世界也没有绝对的真诚与虚伪。只有明白这一点，我们才能真正地读懂周朴园对鲁侍萍的感情。我们承认周朴园对鲁侍萍的感情是真的，但是他的怀念和追思在现实面前不堪一击；我们也承认周朴园是冷酷虚伪的，但不能因此就认为周朴园对鲁侍萍真的一点感情也没有。我们不能把一个人的复杂的心理面貌简单化了，不能把人性简单化了。[26]

让学生换位思考，沉浸于人性的漩涡中，才能保持其在"情境教学"中的"情感饱和度"。

三、探根寻源，悲天悯人

在了解了周朴园的复杂性后，应该如何引导学生来看待这个人物呢？曹禺塑造这样的人物想要表达的又是什么呢？传统教学中常常有这样的说法——作品揭露了以周朴园为代表的带有浓厚封建性的资产阶级家庭的罪恶及其必然崩溃的命运。当然，这有可能是曹禺先生创作的根源之一，但是作品的意蕴又何至于此？更何况，我们是从"情爱"的角度切入的，必然还是要循着这条路，找到一切的源头。

经过之前的铺垫，学生们基本上能够认可一点，周朴园对鲁侍萍的感情是真的，但是貌似真诚的感情在现实面前又不堪一击。为什么明明心中有情，却可以做到如此冷酷决绝呢？

为了激发学生的思考，为了"拉满"学生在现有"情境"中的"情绪张力"，笔者分享了两段文本。

【序幕】

姑甲（走向前）：你走错了，这屋子是鲁奶奶的病房。你的太太在楼上呢。

老人（停住，失神地）：我——我知道，（指着右边病房）我现在可以看看她么？

【尾声】

老人（走到炉前，低头）：侍萍！

（老妇回头，呆呆地望着他，若不认识，起来，面上无一丝表情，一时，她走向窗前。）

老人（低声）：侍萍！侍——

读过剧本的人都知道，这时候的周朴园已经是一位老人，他把陷入疯狂的鲁侍萍和繁漪安顿在自己的医院里。

由这段材料，师生之间展开了一段关键性的讨论。

师：从这段补充材料中，周朴园在乎的是谁，一目了然！正所谓"心之所向，素履以往"。但是，为何周朴园在选文中对鲁侍萍如此冷漠？

生：此一时，彼一时，现在神志不清的鲁侍萍，对他不构成任何威胁，当然就真情流露了。

师：当时的鲁侍萍能对他构成什么威胁了？

生：他害怕鲁侍萍或者鲁贵有所企图，讹他的钱财。

师：他仅仅是害怕被敲诈吗？

生：他还害怕人设的崩塌。在别人的眼中他是一个怀念早逝"贤妻"的"深情男人"。

师：他仅仅是在乎别人的眼光吗？

生：他更害怕自己内心世界的崩塌。

师：怎么说？

生：其实周朴园也失去了生命中很多重要的东西，但是这一切好像又是他自己造成的，所以他只能用一种自欺欺人的方式，才能活下去。

师：这位同学提到了周朴园也失去了很多东西，可我觉得这个资本家拥有的东西简直太多了！

生：他在感情世界失去得太多了。我们在谈感情呀，老师！

生：连心爱的恋人和骨肉都守护不了，作为一个男人，太失败了。

师：赞同！简直就是"巨创"。心理学认为，人经过重大创伤后，在面对其它压力时，也会产生无法掌控的焦虑。[27]

生：所以呀，当他感到威胁或潜在的威胁时，就会产生了一些极端的反应。而最后，所有的威胁都不存在了，所以本性回归了，真情也回归了。老师，可以这样理解吗？

学生能够思考到这一步，已属不易。有些回答在意料之中，有些回答完全在预设之外。比如说，学生竟然提出了，周朴园也失去了生命中很多重要的东西！甚至有学生说，我们用悲悯的情怀来解读鲁侍萍，可我们为什么不能用悲悯的情怀重新审视一下周朴园呢？所以，只有学生真正地沉浸于课堂的"情境"中，才能走向思考的极限。

我们貌似由着学生去谈论着一些"浅表化"的问题，但这恰恰是学生就自身认知层面能够触碰得到的问题，也是他们特别想要去探索的问题。只要教师懂得适当引导，学生就能顺着这根思维的藤蔓，真实地触摸，深入地体验，学生才会有自己的发现、感悟和震撼。并非从教师的设定出发才能触及人情、人性，跟着学生谈"情"说"爱"，才能形成有效的"情境教学"。

设置情境任务，深入自主学习

——以统编教材必修下册第二单元《哈姆莱特（节选）》教学实践为例

【导读】通过"情境任务""情境问题"的设置、设计，学生结合文本及助读资料，通过自主研读、讨论、交流，获得了知识和体验，提升了语文学习的能力和素养。事实证明，无须教师按部就班地灌输和讲解，在"情境任务""情境问题"的驱动下，高中生也能自主学习，不断进阶，深入文本，获得成果。

【关键词】情境任务　情境问题　自主学习

学习戏剧作品，常规的教法是：引导学生品味戏剧语言，并通过戏剧语言把握人物复杂的内心世界、性格特点；指导学生深度分析戏剧语言，初步体会戏剧"对话"在情节推动上的作用；鼓励学生积极探索悲剧的深厚的思想、情感、文化意蕴、艺术成就等。

教师可以按部就班地把以上这些内容灌输给学生，但学生未必领情。所以，不如从学生的角度出发，针对学生的困境、问题设置"情境任务"，促使其在解决任务的过程中，主动获取知识、提升综合能力。

根据学生的反馈以及教师的学情分析，发现两方面问题。

问题一：纵观古今中外的优秀戏剧作品，涌现出无数的令人印象深刻的经典人物，诸如《窦娥冤》中的窦娥、《西厢记》中的崔莺莺、《哈姆莱特》中的哈姆莱特。而学生在欣赏这些经典作品的时候，总是把目光聚焦在主人公身上，而忽略了剧中次要人物的重要作用。

问题二：在学生预习过程中的反馈，大多指向一点——哈姆莱特完全有能力把很多事情处理好，为什么会走偏？他究竟是真疯还是假疯？

根据以上问题，教师设计了两大"情境任务"。

一、情境任务：通过"次要人物对主要人物的作用"的探索，把握人物形象

（一）导入情境

1. 教师导入

在《窦娥冤》中除了窦娥，我们是否关注到张驴儿父子？在《西厢记》

中除了崔莺莺，我们是否忽略了红娘的作用？在《哈姆莱特》中，除了主要人物哈姆莱特，我们是否关注到那些次要人物存在的价值呢？

2. 提供素材

王先霈的《小说大辞典》："次要人物具有独立的美学意义，其存在价值在于直接为表现主要人物服务。"

3. 明确任务

情境任务一：通过"次要人物对主要人物的作用"的探索，把握人物形象。

（二）初步探索：思考奥菲利娅的表现如何映衬出哈姆莱特这一人物的特质

1. 学生初读、分析

学生根据情境问题一"思考奥菲利娅的表现如何映衬出哈姆莱特的这一人物的特质"，迅速从选文中筛选出相关信息，并进行了分析。由于选文大多为奥菲利娅和哈姆莱特的对话，所以学生把奥菲利娅作为次要人物进行分析。以下为学生经过讨论后的反馈。

甲组学生反馈：在文中，我们捕捉到这样的信息，奥菲利娅说，"他是朝臣的眼睛、学者的辩舌、军人的利剑、国家所瞩望的一朵娇花；时流的明镜、人伦的雅范、举世瞩目的中心"。我们从中看到，即便哈姆莱特陷入了疯狂的边缘，也不能抹杀印刻在奥菲利娅心中的那个美好的形象。作者借奥菲利娅记忆中的美好，想要反衬出的恰恰是哈姆莱特如今的不堪，曾经的意气风发的少年，现在绝望而癫狂，让人惋惜。

乙组学生反馈：相信大家读出奥菲利娅痛苦叹惋的同时，也隐约读出了她的单纯。让我们通过文中信息进一步来印证。当哈姆莱特对着奥菲利娅说:"你贞洁吗?"奥菲利娅断然喝止;哈姆莱特又问:"你美丽吗?"奥菲利娅更是不明所以。其实,我们可以理解奥菲利娅的愤怒和迷惑。但是,我们也忍不住思考:为什么奥菲利娅不能更智慧一点?为什么她不能站在哈姆莱特的角度思考问题?面对这样一个单纯又怯懦的姑娘,哈姆莱特就算爱她,又怎样把真相告诉她?就算心中再不舍,又怎能和她一起比肩作战?所以,哈姆莱特随即又口出恶言:"美丽可以使贞洁变成淫荡。"想要彻底羞辱她吧,但是又似乎心存念想,想让她明白些什么。哈姆莱特时而说"我的确曾经爱过你",继而又否定。就这样,哈姆莱特痛苦的纠结的形象便跃然纸上了。

2. 教师小结

西方学者桑德拉·吉尔伯特提出过"屋子里的天使"这个概念,而奥菲利娅就是在贵族的温室里成长起来的单纯和温驯的"天使"。作者就是通过这样一个纯真的天使,映衬出身处残酷的现实世界中的哈姆莱特内心的纠结以及无法言说的痛苦。奥菲利娅越是不谙世事,越是映衬出哈姆莱特的绝望和癫狂。所以,通过次要人物的映衬,更加凸显了出了主要人物此时此刻的心理。

(三) 深度研读:思考在主、次人物的情感纠葛中,主要人物心理脉络如何发展

1. 教师启发

人物的心理是不断发展的,人物的特质也是复杂多面的,我们要探究的不仅是人物某一时刻的心理、静态的特征,而是一个不断发展的动态的

过程。在选文中最让我们感兴趣的部分是哈姆莱特和奥菲利娅之间的情感纠葛的过程。让我们思考在主、次人物的情感纠葛中，主要人物心理脉络如何发展？

2. 学生研读、分析

学生根据情境问题二"思考在主、次人物的情感纠葛中，主要人物心理脉络如何发展"，作了进一步的研读和讨论。以下为学生经过讨论后的反馈。

  丙组学生反馈：请大家再关注这些信息，主人公哈姆莱特在奥菲利娅面前，极端地自相矛盾。奥菲利娅说："我有几件您送给我的纪念品，我早就想把它们还给您。"哈姆莱特说："我从来没有给你什么东西。"哈姆莱特说"我的确曾经爱过你"，接着又说"我没有爱过你"。那哈姆莱特爱过奥菲利娅吗？当然爱过！让我们打开助读资料，来看第二幕第二场，波洛涅斯在国王和王后面前念哈姆莱特致奥菲利娅的情书。情书里是这么写的："给那天仙化人的，我的灵魂的偶像，最艳丽的奥菲利娅，让这几行诗留在她皎洁的胸中：你可以怀疑星星是火把，你可以怀疑太阳会移转，你可以怀疑真理是谎言，可是我的爱没有改变。亲爱的奥菲利娅啊！我的诗写得太坏。我不会用诗句来抒写我的愁怀。可是相信我，最好的人儿啊，我最爱的人是你。再会！最亲爱的小姐，只要我一息尚存，我就永远是你的，哈姆莱特。"我们看到吗？曾经多么真诚而热烈的感情。那为什么现在又不爱了呢？随着主、次人物情感纠葛不断推进，哈姆莱特的更深层次的心理也在不断地被呈现出来。

  丁组学生反馈：哈姆莱特对奥菲利娅说"我从来没有给你什么东西""你当初就不应该相信我""我没有爱过你"，不管他出于什么原因而说出这样的话，我们现在看到的哈姆莱特否认一切，冷漠而决绝！

他已经不是当初那个内心炽热、满怀理想的王子了！我们能够从中审视到其心理蜕变的轨迹。而心理脉络的发展，源自主、次人物情感纠葛的推进。哈姆莱特在这里说"我的确曾经爱过你"。没错，在他们彼此忠诚时，那种爱曾经狂热地燃烧过！但是随着主、次人物情感纠葛的升级，内心的感情变得没有那么纯粹了。面对着故意"试探"他的奥菲利娅，哈姆莱特说道："美丽可以使贞洁变成淫荡。"似乎是一种善意的劝告，但是同样蕴藏一种恨意。甚至，从母亲的行为中审视着奥菲利娅，因为奥菲利娅同母亲一样"美丽"，所以她也注定和自己的母亲一样要"失贞"。哈姆莱特心灵深处的盲目、偏执和残忍，随着情感游戏的推进，展露无遗。

3. 教师小结

随着哈姆莱特和奥菲利娅的情感轨道越来越纠缠不清，哈姆莱特的心理轨迹也不断生长更新，性格的复杂性也逐渐生成。所以，我们要在主、次人物的情感纠葛中，探索主要人物心理脉络的发展。

（四）触类旁通：思考其他次要人物对哈姆莱特人物塑造的作用

1. 教师启发

其实在课文中，莎士比亚不仅通过奥菲利娅助力哈姆莱特的形象，更以众人的表现来暗示哈姆莱特的处境。我们关注过选文中的这些人物吗？国王、王后、克劳狄斯、罗森格兰兹和吉尔登斯吞。这些次要人物看似不痛不痒的只字片语只是为了刷存在感吗？当然不是！

2. 学生分析、探讨

学生根据情境问题三"思考其他次要人物对哈姆莱特人物塑造的作用"，触类旁通、得出结论。以下为学生经过讨论后的反馈。

甲组学生反馈：克劳狄斯说"用迂回婉转的方法，探出他为什么这样神魂颠倒"，波洛涅斯说"看看他们演得怎样"，阴狠狡诈的敌人时刻想通过诡计窥探哈姆莱特内心的秘密，从而破坏哈姆莱特的计划。文中还提到罗森格兰兹和吉尔登斯吞，他们是哈姆莱特童年的伙伴、昔日的老同学，却在克劳狄斯的授意下"引导他吐露他自己的一些真相"，朋友原本该站在同一战壕，但是他们却为国王推波助澜，使哈姆莱特失去应有的援助。这些哈姆莱特可以不在乎，但是令人心寒的是，这一出戏中，忠奸不辨的母亲也参与其中，糊涂的奥菲利娅也帮助父亲一起来试探他，母亲和爱人是最值得依靠的人，却和仇人一起来试探他，导致哈姆莱特最终连精神上的支持都失去了。

3. 教师小结

在这一幕中，几乎所有的人物都站在哈姆莱特的对立面，莎士比亚用几乎所有人的表现来暗示了哈姆莱特孤立无援的处境。和敌人对峙的过程中，他几乎得不到任何一种来自他周围的帮助，体会不到任何一点人世间的关爱和温暖。他只能孤身一人去完成他的复仇大业。莎士比亚通过次要人物的种种表现，暗示了哈姆莱特的处境。

（五）教师在学生的思考成果上进一步归纳

就选文来看，次要人物对主要人物的作用主要体现在三个方面：①通过次要人物的映衬，衬托主要人物的性格；②通过主、次人物的纠葛，形成主要人物心理发展脉络；③通过次要人物的设置，暗示主要人物的处境。

总之，次要人物存在的价值主要在于直接为表现主要人物服务，能够反映作者对主要人物的性格设定和情感判断。同时，次要人物也是构成情节发展和显示作品所反映的生活的真实性与丰富性的必要条件和基础。

二、情境任务：理解人物性格与悲剧的关联

（一）导入情境

1. 教师导入

黑格尔就在《美学》中提出了三种类型的悲剧，即命运悲剧（主要指古希腊悲剧）、性格悲剧（主要指文艺复兴时期悲剧，尤其是莎士比亚的悲剧）和伦理冲突悲剧（主要指近代悲剧）。从命运悲剧到性格悲剧的转变，正是人类不断认识自身的结果。古希腊时代，人束缚于强烈的命运意识；而发展到理性高蹈的文艺复兴时期，人在不断赞美人自身的同时也认识到自身缺陷所带来的种种不幸和悲剧。

索福克勒斯在《俄狄浦斯王》中试图表现的是人与命运的冲突，最终的悲剧带有必然性；而莎士比亚在《李尔王》《哈姆莱特》等悲剧中则将矛头指向人的自身，表现的是人的内心冲突及人自身的缺陷。

《哈姆莱特》的悲剧性在于主人公以复仇的名义一步步带着所有人走向了可怕的深渊，直至毁灭。剧中，主人公哈姆莱特以其鲜明的性格特征，给读者留下了深刻的印象。哈姆莱特的性格和最终悲剧的形成有着怎样的必然联系？

2. 提供素材

巴金认为"悲剧是由主人公自身的性格或由这种性格导致的过失造成的"。[28]

3. 明确任务

情境任务二：理解人物性格与悲剧的关联。

（二）初步探索：哈姆莱特是怎样的性格

1. 学生初读、分析

学生根据情境问题三"哈姆莱特是怎样的性格"，捕捉相关信息进行分析。以下为学生经过讨论后的反馈。

甲组学生反馈：从哈姆莱特说"为什么你要生一群罪人出来呢""他的母亲还是不要生下他来的好""我的罪恶是那么多"等信息来看，虽然哈姆莱特诉说的对象是奥菲利娅。但是讽刺、指责对象更像是王后。

乙组学生反馈：文中出现了一连串的"你们"，哈姆莱特说："你们会怎样涂脂抹粉；上天给了你们一张脸，你们又替自己造了一张。你们烟视媚行，淫声浪气……"从中可推断，哈姆莱特甚至不遗余力地诋毁世间所有的女性。

丙组学生反馈："助读资料"中显示，哈姆莱特似乎不是真疯，也不是装疯，而是情绪的"宣泄"，这种"偏执"的性格不是在父亲死后才凸显出来的。在他还是个"快乐王子"的时候，他曾无限神往地说过："人是多么了不起的一件物品！理性是多么高贵！力量是多么无穷！宇宙的精华！万物的灵长！"然而，现实中的人是天使吗？是天神吗？哈姆莱特太人文、太理想化了，所以当他面对残酷的现实后，就很容易从一个极端走向另外一个极端。

丁组学生反馈：他讽刺的不仅是女性，不知道大家注意到了没有，文中多次出现了"我们"，哈姆莱特说："我们都是些十足的坏人，一个也不要相信我们。""我们"这些十足坏人是谁？想必躲在一边的克劳狄斯听得惊心动魄。所以，克劳狄斯原本对哈姆莱特只是轻微的怀疑，但是听完他这番话后，克劳狄斯几乎肯定地说："他有些什么心事盘踞在他的灵魂里，我怕它会产生危险的结果。"作为读者，我们难道不感到奇怪吗？哈姆莱特不是在酝酿着一场复仇行动吗？他为什么要暴露自己？不动声色才能出奇制胜啊！其实，不是哈姆莱特要暴露自己，而是他完全没有办法掩饰自己的痛苦。他的急躁和狂热让他不顾一切地把所有的控诉不顾场合地宣泄出来。或许有人说急躁好啊，那就像雷欧提斯一样提起刀剑，冲进皇宫，手刃杀父仇人。但是哈姆莱特的能量似乎完全被满腔的狂言消耗掉了。哈姆莱特自己都说："我亲爱的父亲被人谋杀了，鬼神都在鞭策我复仇，我这做儿子的却像一个下流女人似的，只会用空言发发牢骚，学起泼妇骂街的样子来！"

2. 教师小结

哈姆莱特绝不缺少复仇的勇气和智慧，结果却是复仇的大半能量被负面的情绪内耗了。情绪化性格常常会淹没他的理智。

（三）深度研读：情绪化性格常常会淹没人的理智，那么过于理智是否会消耗其复仇的激情

1. 学生研读、分析

甲组学生反馈：哈姆莱特说"谁愿意忍受人世的鞭挞和讥嘲、压迫者的凌辱""谁愿意负着这样的重担，在烦劳的生命的压迫下呻吟流汗"。看来，现实中的各种丑态让他无法忍受，哈姆莱特想同克劳狄斯一同毁灭！如果死，可以让他消除一切所遭受的痛苦和折磨，那他求之不得！可是，他又"惧怕"死后的情景是人们所不可知的，如果死亡之后他领受的是更痛苦的折磨，那死的意义又在哪里呢？那么，究竟是"默然忍受"着"生"还是"挺身反抗"而"死"呢？

丙组学生反馈：哈姆莱特的"理性"让他无法不顾一切地玉石俱焚。于是，哈姆莱特复仇的能量又被其理性的思考、审慎的思虑消耗掉了。所以结果是，哈姆莱特在矛盾犹豫中、当断不断的延宕中，以复仇的名义一步步带着所有人走向了罪恶的深渊，直至毁灭。

2. 教师小结

由此，我们看到，之所以主人公始终处于人生的困境之中，是与自身的性格有关的。首先我们可以判断这是典型的性格悲剧；其次，通过分析我们了解到哈姆莱特的悲剧来自他的多虑延宕。哈姆莱特是勇敢、智慧的，但是，由于他的偏执狂躁和多虑延宕，使得他的精力过多地花费在了情绪的宣泄和反复的思索中，最终失却了行动的力量。哈姆莱特理想崇高、思想深刻，他立志改变这一切，但他又被偏执、沉思、自责、自我怀疑消耗了自己的精力，加之忧郁与孤独、矛盾与痛苦。他的性格使他无法扛起这一切，但又不得不扛起，于是一再拖延复仇计划，最终导致了悲剧的产生。

（四）拓展研究：分析哈姆莱特性格悲剧价值

1. 教师启发

哈姆莱特性格悲剧是：既不能扛起重担，又不能放弃重担堕入虚无世界之中。他的独特的思维方式让他总是徘徊在矛盾和犹豫中，最终走向毁灭。我们常常希望故事以大团圆收场，我们的心灵也由此得到慰藉。但是悲剧以毁灭式的情节，让我们记住永恒的生命价值和意义。

2. 学生探讨、反馈

甲组学生反馈：事实上，哈姆莱特的"内心冲突""精神危机"源于其理想与现实的冲突,在他身上"折射"出的是"人文主义"理想与现实的矛盾。

乙组学生反馈:之所以哈姆莱特的"性格悲剧"让历代处于同样困境的人们感同身受,是因为其反映的是整个人类在思想上和精神上发育不足的悲剧。

丁组学生反馈:哈姆莱特的"精神困境",实为"人"的"困境""人生的困境"。

3. 教师小结

在一次次的矛盾中,哈姆莱特实现了思想突围。哈姆莱特渐渐看清了世界的真相。哈姆莱特逐渐认清了他所生活的这个世界的本质,是他人生的一大进步。他探索人的存在价值和意义。人生的荒诞和死亡都被超越,但并非通过走向虚无而超越,而是在抗拒中领悟永恒与无限。因此,重要的是看清自己,认识生活。

《哈姆莱特》通过人生否定性的体验,向我们展示出人生肯定性的存在价值,这是一种深层次人生实践的存在体验,是对人命运的终极关怀。我们从对性格的悲剧价值的分析中,进一步理解了性格与命运的关联。

(五)教师在学生的思考成果上进一步归纳

通过以上的分析,我们知道如何分析性格与命运的关联了吗?我们再来总结一下:①思考悲剧成因;②分析悲剧源于什么性格;③探究性格悲剧的文化价值。我们常说,性格决定命运。哈姆莱特矛盾的性格为他的悲剧命运埋下了伏笔。在这种矛盾的性格之下,他被复仇的意念苦苦煎熬,在人性的困境和冲突中,进行着艰难的抉择和思想的突围。

第二节

单元情境创设

创设单元情境任务，优化主题任务梯度
——高中语文统编教材必修下册第六单元专题教学设计

【导读】笔者在专题设计中，较为关注任务情境、问题情境的创设。精心设计核心任务，优化任务的"梯度"，避免简单、烦琐地提问；尽量把语文学习的主动权交给学生，培养学生自己发现问题的能力；预设有效的师生对话、生生对话。重视学生的自我探究，给予了学生更多的实践探索的机会，让他们在知识、技能、体验的发生与发展过程中，自主进行主题探究，深度思考。

【关键词】情境任务　任务梯度

高中语文统编教材必修下册第六单元是小说单元，选入了《祝福》《林教头风雪山神庙》《装在套子里的人》《促织》《变形记》五篇小说。本单元所选篇目涉及古今中外，类型多样，风格各异。如何进行单元统整，如何创设单元"情境任务"？是值得深入探索的问题。

在对本单元进行统整时，有些教师通过对小说的常用手法、人物塑造、语言运用等方面的研究，探寻不同风格小说的魅力，这样的做法值得借鉴。因为本单元属于新课标中的"文学阅读与写作"学习任务群。这一任务群要求学生阅读优秀文学作品，在学生感受形象、品味语言的过程中提

升文学欣赏能力。[4]

以此为抓手,进行本单元的专题研究,学生学会了"文学阅读与写作"的基本技能,但是仍然缺少文学素养的累积。《普通高中语文课程标准(2017年版)解读》指出:"文学的主要功能是帮助人们更好地认识社会、理解人生,丰富情感和审美体验。"[18]如果教师没有办法让学生主动地走进作者的世界,无法让学生真实地感受人物的喜怒哀乐,无法引导学生将文学阅读、现实生活和自我反思联系起来,就算学生熟练地掌握了知识技能,也不能真正落实核心素养。

因此,以单元探究主题为主线,渗透常用手法、人物塑造、语言运用等方面的研究,更有利于"情境任务"的创设。

一、"情境任务"设计思路及学习框架

"文学阅读与写作"学习任务群的主要目标之一就是丰富学生的人生阅历和情感体验。本单元的单元提示中也明确提出:"阅读这些小说,可以丰富人生体验,提升对社会现实观察、分析、判断的能力。"因此,本单元"情境任务"的一个非常重要的方向是:让学生在小说群文阅读中体验世情、读懂人性。

虽然五篇小说社会背景各不相同,要揭示的人性各异,若放在一个专题中,彼此之间缺少关联性。但是在"异化"的背景下,五篇小说便有可能成为一个有机整体。人的"异化"不仅发生在《变形记》和《促织》从"人"到"虫"的转化中,在《装在套子里的人》《祝福》《林教头风雪山神庙》中,人的"异化"更耐人寻味。即便在现实生活中,"异化"的阴影也挥之不去。

在传统的教育教学中,学生更多触碰到的是那些身处逆境、绝境,却宁折不弯的伟大灵魂,被熏陶的是那种明知不可为而为之的刚性精神;然

而，在现实生活中，当小人物们走投无路或者抗争无果时，他们往往是妥协、退让、无奈、压抑、扭曲的。这样的"现实问题""灵魂拷问"，更容易让高中生们沉浸于任务情境之中。是什么力量把"人"推向"非人"？他们又怎么会逐步失去自由、个性、尊严，甚至生存的权利？这是对他们的剖析，也是对我们的审视！

本专题在学生掌握基本知识技能的基础上，以"人的异化"为探究主题，以"在异化中体验世情、读懂人性"为单元任务。结合本单元的五篇小说，顺藤摸瓜，促使学生步步深入，体验世情、探究人性。主要通过表6-1所列环节加以落实。

表6-1 第六单元"异化专题"学习框架

学习环节	学习内容	学习文本
环节一：查阅、梳理	社会环境和身心状态	《祝福》《林教头风雪山神庙》《装在套子里的人》《促织》《变形记》
环节二：辨析、区分	"异化"的分层解析	
环节三：比较、分析	"人性"回归与失落	
环节四：研读、探究	群体心理的"异化"	
环节五：拓展、反思	人类普遍的生存状态	

二、情境任务设计

1. 阶梯情境任务一

社会环境与身心状态初探：群文阅读《祝福》《林教头风雪山神庙》《装在套子里的人》《促织》《变形记》。组织讨论以下要求，并完成任务单（表6-2）。

（1）查阅课外资料，梳理小说社会背景。

（2）结合文本信息，归纳人物生存困境。

（3）结合文本信息，归纳人物身心状态。

（4）初探人格特质和社会环境之间的关联。

表6-2 "社会环境与身心状态初探"分析

人物	社会背景	生存困境	身心状态
格里高尔	【示例】 卡夫卡所生活的捷克属于奥匈帝国版图 奥匈帝国的生产方式：日益资本主义化，对外侵略扩张，对内奉行家长式的"大棒统治"	【示例】 母亲：一直疼爱格里高尔的母亲对他万分恐惧 父亲：曾经那么信任格里高尔的父亲，对他异常粗暴 妹妹：曾经那么依赖格里高尔的妹妹，对他不理解 协理：毫无怜悯，一味苛责	【示例】 身体：变身为甲虫，无法控制庞大笨重的身躯 心理：焦虑、绝望，想重新回到"人类圈子"，竭力表达自己的善意和顺从；没有个体和自我；变形过程中，部分生命意识觉醒
祥林嫂			
林冲			
别里科夫			
成名一家			

随着任务单的完成，学生对人物的身心状态与其所处的社会环境之间的关联有了初步的认识，但是这种认识比较模糊，缺少逻辑上必然性、理解上的深刻性。

2. 阶梯情境任务二

对"异化"的分层解析：学生根据教师提供的关于人的"异化"的相关文献和理论知识，进行自学。结合五个主人公的不同困境和变化，对人的"异化"进行分层解析。组织讨论以下问题，并完成任务单（表6-3）。

（1）什么是人的"异化"？

（2）"异化"在故事主角的身上如何体现？（注：《促织》一文中"异化"的对象非主角，是成名的儿子）

（3）通过小说中人物的"异化"进行分层解析。

表 6-3 "异化的分层"解析

人　物	人的"异化"	分层解析
成名儿子	【示例】 生死关头，成名的儿子魂化促织，解救了全家	【示例】 层次一：在生死存亡之际，为了渡过难关，通过人的动物化觅得一线生机，通过压抑本性换得来日安稳
林　冲	【示例】 为了熬过生死危机，林冲化"狠"为"忍"	
格里高尔	【示例】 在生活的重压下，格里高尔作为人的自由意志、自我意识渐渐丧失，人的技能沦为动物性	【示例】 层次二：相对上面两人，格里高尔和祥林嫂面对的并非生死危机，而是精神危机、心理危机； 基于心理困境而产生的"异化"更复杂、更深刻、更震撼人心
祥林嫂	【示例】 在困顿的处境中，祥林嫂不断地失去作为人的基本尊严，而变成行尸走肉	
别里科夫	【示例】 专制高压制度下，别里科夫的奴性、变态人格	【示例】 层次三：精神世界完全畸变、扭曲

"异化"作为一个哲学概念，是指主体在自身的发展过程中，由于自己的活动而生出自己的对立面，这个对立面作为一种异己的力量反过来反对主体自身。人一直都在追寻着自由，渴望成为一个自由幸福舒展的生命。然而，不合理制度的压抑、历史发展阶段的限制、对人的尊严的漠视等，可能都在阻碍着人类的自由。

简而言之，"异化"的人，不像人，被控制，不得自由。

五篇小说中的这些主要角色或多或少都经历了"异化"的过程，但是表现形式各不相同，"异化"的程度也深浅不一。比如，成名的儿子和林冲是在生死存亡之际，为了渡过难关，通过人的动物化觅得一线生机，通过压抑本性换得来日安稳；相对以上两人，格里高尔和祥林嫂面对的并非生死危机，而是精神危机、心理危机，基于心理困境而产生的"异化"更复杂、更深刻、更震撼人心；而倒霉的别里科夫的精神世界完全畸变、扭曲。

在本专题的第一环节中，通过任务单对五篇小说的社会环境与身心状态方面进行了梳理，但仅仅是梳理，而本环节在"异化"的背景下，把五篇小说作为一个有机整体作了进一步的研读。

3.阶梯情境任务三

"人性"回归与失落：在研读的基础上，对《祝福》《装在套子里的人》《变形记》三篇小说中的主人公，进行比较分析。组织讨论以下问题，并完成任务单（表6-4）。

（1）面对绝境，小说中人物都沉沦了吗？

（2）面对绝境，"异化"是必然的吗？

表6-4 "人性的回归与失落"解析

人物	回归		结果
	抗争程度	表现形式	
祥林嫂	强	抗争命运	在众人鄙薄中，彻底麻木，走向死亡
格里高尔	中	自我觉醒	逐渐被家人厌弃，走向死亡
别里科夫	弱	追求爱情	在众人嘲笑中，完全封闭，走向死亡

虽然小说中的人物经历着不同程度的"异化"，但是这并不代表他们没有抗争过。格里高尔变成甲虫后，自我意识反而渐渐复苏了，但是随着自我的觉醒，家人们逐渐远离了他，他无法让自己觉醒的意识消失，所以只能让自己的身体消亡；祥林嫂命运坎坷，她不断地与命运抗争，换得作为一个人的些许的尊严，但是，无论她怎样抗争也无法获得任何人的真诚相待，最终彻底麻木，走向死亡；哪怕连别里科夫这种"病入膏肓"的"异化"者，当"生命之光"闪过时，他也想抓住的，不是吗？这就是"人

性"！无奈"异己的力量"过于强大，抗衡不了，又承受不住，只能任由自身陷入更深的精神困境。这也是"人性"。

令人悲悯之处在于，他们在绝境中挣扎过、抗争过，但是无能为力，最终走向"非人"。我们都想当英雄，向死而生，但是现实中的大多数人面对巨大的困境，虽有心抗争，但无力抗衡。"人的困境—人的挣扎—人的无力"，不仅是他们的困境，更是我们的困境，是"人"的一种普遍困境。

4. 阶梯情境任务四

群体心理的"异化"：结合表6-4归纳的信息——"众人鄙薄""家人厌弃""众人嘲笑"等，深入研读《祝福》《装在套子里的人》《变形记》，思考以下问题，完成任务单（表6-5），找出真正"病入膏肓"的"异化者"。

（1）格里高尔、别里科夫是否已经把"人的异化"演绎到了极致？

（2）完全"异化"状态的人自知吗？会挣扎吗？会反抗吗？

（3）真正可怕的"异化者"是谁？

表6-5 "群体心理的异化"解析

篇　　目	其他"异化者"	"非人"行径
《祝福》	【示例】 1. 鲁四老爷、四婶 2. 婆婆 3. 镇上的人们 4. 柳妈 5. "我"	【示例】 只讲礼法、迷信，没有怜悯之心，剥夺他人生存机会； 不讲人权，把人当作货物买卖； 不讲人情，"消费"他人的痛苦； 用根深蒂固的封建迷信观念祸害他人； 貌似知书达理，但见死不救
《装在套子里的人》		
《变形记》		

三篇小说的主人公深受生活的折磨，从"人"走向"非人"，但是他们在"异化"的状态中，渴望着人性的"回归"。而围绕在主人公周围的那些人物才是"病入膏肓"的"异化者"。在祥林嫂周围都是一些被禁锢而不自知的灵魂——鲁四老爷、四婶只讲礼法、迷信，没有基本的怜悯之心；婆婆把祥林嫂当作货物一般买卖，觉得理所当然；镇上的人们"消费"着祥林嫂的痛苦，腻了之后，祥林嫂仍然得不到平等的对待；而被封建迷信思想深度浸润的柳妈更不遗余力地在祥林嫂逐渐僵死的灵魂中雪上添霜；看似知书明理的"我"虽然不能算是深度"异化者"，却也不敢旗帜鲜明地站在众人的对立面，反而把祥林嫂引入歧途。总之，这些人在祥林嫂面前，有着莫名的优越感，灵魂扭曲而不自知，正是社会中麻木的大多数将于人生边缘挣扎着的灵魂推上了绝路。同样，因为是周遭"异化者"的"共谋"，"塑造"了别里科夫这样的人物，所有的人都起了"推波助澜"的作用。这些人是否更应该批判？批判的最高境界应是走向更为广阔的悲悯，因为扭曲而麻木不自觉，更可悲、更可怜。

5. 阶梯情境任务五

人类普遍的生存状态："异化"是人类普遍的生存状态。在现代社会中，无论是群体或个体都会碰到不可战胜的自然力或社会力的压力。请结合前期的研究成果，进一步探究并交流现代社会中"环境对人的异化""个体自我的异化"等。

人类的困境是普遍的，而人性的弱点是相似的。每个人都是人生迷途中的一员，无一例外。从这个意义上来说，格里高尔即我，我即格里高尔。

三、补充说明

1. 关于"情境"创设

笔者在本专题设计中，较为关注任务情境、问题情境的创设。精心设计核心任务,优化任务的"梯度",避免简单、烦琐地提问;尽量把语文学习的主动权交给学生,培养学生自己发现问题的能力;预设有效的师生对话、生生对话。重视学生的自我探究,给予了学生更多的实践探索的机会,让他们在知识、技能、体验的发生与发展过程中,自主探究,深度思考。

2. 关于专题统整

本专题以"人的异化"为研究线索,结合本单元的五篇小说,顺藤摸瓜,促使学生步步深入,体验世情、探究人性。但是,"体验世情""读懂人性"的前提是学生已经较好地掌握了本单元的基本知识技能。因此,本专题适用于对主题深入探讨、拓展阶段。

本专题的五项学习任务适用于单元所有篇目的统整,也适用于部分篇目的组合或者单篇教学。

构建任务学习支架,增强个人体验情境

——以高中语文统编教材必修下册第二单元学习任务设计为例

【导读】在单元任务推进过程中,学生往往不能主动思考、提问、质疑、思辨、探究。即便学生主动提问、主动质疑,其教学意义和价值往往不高。究其原因,在于学生被局限在传统课堂和有限的教材中。没有过程性的指导和推进、没有大量的素材的支撑,学生就不可能产生自己的思考、情感、体验,难以形成"个人体验情境"。

【关键词】学习支架 个人体验情境

新标准提出"个人体验情境",主要指学生个体开展的思考和探究,比如学生在阅读过程中体验丰富的情感、尝试不同的阅读方法以及创作文学

作品，等等。学生必须产生自己的思想、情感、体验，才能和其他人的思想、情感产生碰撞。

如何让学生在语文学习中产生自己深刻的思想、独特的体验呢？我们通过高中语文统编教材必修下册第二单元的任务设计和支架构建，促进"个人体验情境"的生成。

一、单元分析

统编教材必修下册第二单元属于"文学阅读与写作"学习任务群。该任务群旨在引导学生学习阅读古今中外诗歌、散文、小说、剧本等不同体裁的优秀文学作品，使学生在感受形象、品味语言、体验情感的过程中提升文学欣赏能力，并尝试文学写作，撰写文学评论，借以提高审美鉴赏和表达交流能力。

本单元的《窦娥冤（节选）》《雷雨（节选）》《哈姆莱特（节选）》三部剧作都是悲剧，有着深厚的思想、情感意蕴和高超的艺术成就。在贯通式的阅读与思考中，了解悲剧作品的艺术特点，理解剧作家组织戏剧冲突、设计人物命运的意图，认识中外悲剧的美学价值。同时，通过编剧与演出、评论写作等活动，从观众、演员等不同角度深入理解人物，体会剧作家对社会现实的理解与对人生的深切关怀，激发心中的良知与悲悯情怀。

二、学情分析

根据以上的理解，教师一般会从"语言品味""人物鉴赏""情节分析""主题探讨""主题写作"等方面引导学生学习。通常，学生能够根据不同的"任务""专题"按部就班在这些领域进行常规学习，但是难以获得深层次的思想和独特的情感体验，难以形成有效的"个人体验情境"。所谓的任务驱动只是让学生分专题学习，而非教师原本设想的探究式学习、沉浸式学习。原因在于大多教师给了学生任务，却不知道如何驱动，如何构建学习支架。

三、学习流程

【学习任务一】自读课文，完成课前预习

【支架一】自读课文，提炼剧情梗概，完成表格内容（表6-6、表6-7）

表6-6 《雷雨（节选）》剧情梗概

时　间	地　点	事　情
三十多年前	无锡	示范：周朴园与侍萍相爱，生了两个儿子（老大周萍，老二鲁大海）
三十年前除夕	无锡	
三十年来	外乡	
三十年来	周公馆	
从前	哈尔滨	
最近	矿上	

表6-7 《哈姆莱特（节选）》预习梳理

情　节	性　格	悲剧性
开端：丹麦国王去世，王子哈姆莱特沉浸在丧父之痛中并对叔叔和母亲的婚姻表示极度愤怒与不齿。父亲的鬼魂揭露了现任国王杀兄篡位的罪行	示范： 高尚、理想化； 阴郁、多疑	示范： 父惨死； 从怀抱人文主义到对人性的绝望
发展：哈姆莱特的疯癫行为引起众人关注，国王和波洛涅斯决定利用奥菲利娅来试探哈姆莱特		

（续表）

情　节	性　格	悲剧性
发展：克劳狄斯以波洛涅斯的死为借口，将王子送往英国，秘密嘱咐英王将王子处决。哈姆莱特偷偷潜回国内		
高潮（结局）：哈姆莱特除去罪恶的克劳狄斯，但是他也为此付出了生命的代价		

【任务一说明】很多教师认为预习是学生的事，在单元学习前或者课文学习前，会提醒学生进行课前预习。至于怎么预习？预习到什么程度？侧重哪方面？常常被教师忽略。而学生能做的无非就是熟悉文本、梳理思路这些常规动作。当然，这些需要做，但是每个单元、每篇课文都有其特殊的构成和独特的意蕴。比如说本单元的三篇课文都节选于经典戏剧作品，要理解这些选段的深刻内涵，就必然要了解它们的前因后果。然而，学生不可能把每一部作品都从头至尾阅读一遍。因此，教师要引导学生截取有价值的内容，并且提供工具，促使学生更好地进行整体的梳理和把控。只有让学生看到全貌，他们才会有更深入的体会，更深刻的思考，从而形成有效的"个人体验情境"。

【学习任务二】单篇主题研学

【支架二】提供学生自主探究主题（表6-8）

表6-8　单元探究主题

课　文	探　究　主　题
《哈姆莱特（节选）》	"戏剧人物"研学一：如何理解悲剧与人物性格的关联？ "戏剧人物"研学二：课文中次要人物对主要人物的作用？
《雷雨（节选）》	"戏剧语言"研学三：戏剧"对话"在情节推动上的功能有哪些？ "戏剧语言"研学四：戏剧"对话"中的语气词对塑造人物形象有什么作用？

（续表）

课　　文	探　究　主　题
《窦娥冤（节选）》	"戏剧语言"研学五：戏剧中人物的语言符合人物个性吗？ "戏剧语言"研学六：戏剧语言（"三合一"：主人公的语言、作家的语言、传统话语方式）有什么作用？

【支架三】提供学生自主研学的素材

（1）相关书籍和文献（篇幅关系，仅罗列部分目录）

- 朱光潜：《悲剧心理学》，安徽教育出版社，2006
- 钱谷融：《〈雷雨〉人物谈》，上海文艺出版社，1980
- 卡尔·雅斯贝尔斯：《悲剧的超越》，工人出版社，1988
- 威廉·哈兹里特：《莎士比亚戏剧中的人物》，华东师范大学出版社，2009
- 斯托尔：《哈姆莱特：一个历史的比较的研究》，密尼苏达大学，1919
- 程倩：《文艺复兴时期英国复仇悲剧兴盛探因》，解放军艺术学院学报，2008
- 王季思：《中国十大古典悲剧集》，上海文艺出版社，1982
- 王国维：《阅读资料宋元戏曲史》，中国古籍出版社，1998

（2）相关主题线上讲解视频（图6-1）

【任务二说明】在本单元教学中，教师通常会引导学生从"语言品味""人物鉴赏""情节分析""主题探讨""主题写作"等方面进行学习。虽然"任务"分明、"专题"清晰，教师给出任务、学生完成任务，但是"任务"有余，而"驱动力"不足。当学生习惯了任务引领、合作探讨的学习方式之后，新鲜感褪去，后劲不足。其实，驱动学生有效完成任务的，不仅仅在于学习方式的改变。教师不仅要给出任务，更要指导每个学

图6-1 《哈姆莱特（节选）》主题讲解视频截图

生怎样推进任务，甚至时刻关注每个学生的疲劳点，并且作出相应的调整。在本单元专题学习的过程中，教师首先提供了具有研究价值的专题供学生选择，既有限制，又把选择权放到学生的手中。一般在这个环节，教师放手让学生自主探究，但实践中发现，学生在此环节中虽然有自我选择和自主探究的自由，但是并不清楚研学的步骤，也不知道在浩如烟海的素材库中哪些材料才是有价值的。在他茫然无措又长时间得不到帮助的情况下，探究的热情也必然被渐渐消耗。教师在研究之初，就向学生提供大量的经过教师删选的有价值的教学资源，确保其研学的质量和稳定性。当然，即使是提供给学生有价值的素材，学生在研学的过程中也会偏离方向。在研学中后期，教师需要提供相应的主题探究讲解视频，从而为学生"保驾护航"。设计任务不难，难的是如何让每一个个体沉浸在任务的研究中，进行深入的思考，获得独特的情感体验，形成有效的"个人体验情境"。

【学习任务三】单元统整任务——戏剧的悲悯情怀

【支架四】关于"悲悯情怀"概念的资料

- 教师视角

① 或许有人觉得"悲悯"听起来有些负面的、消极的色彩，但我觉得

悲悯就是有同理心，就是感同身受，就是有爱心。读完这些剧作能够让我试着去贴近窦娥、哈姆莱特、鲁侍萍等人物的喜怒哀乐，感慨于命运的捉弄性。

②"悲"是慈悲，"悯"是体恤，悲悯情怀是发源于同情的一种人类普遍的情感。戏剧的悲悯情怀流淌在我对人物的共情上，当我看本单元所选的戏剧时，会自然而然地有爱，有恨，有乐，有悲，会在心底留下些什么。

- 专家视角

① 我用一种悲悯的心情来写剧中人物的争执。我诚恳地祈望着看戏的人们也以一种悲悯的眼来俯视这群地上的人们。

——曹禺

② 悲悯情怀是一种普遍关注人性、人类生存状况的人道主义情怀。

——朱光潜《悲剧心理学》

③ 悲悯情怀就是疮痍满目的忧愤感、飞蛾扑火的壮烈感，钢刀剜心的痛切感。就是普遍的、老百姓的、民族的、国家的以及人类的苦难能否全方位地进入你的眼？你是否对这些苦难忧心忡忡、常常长夜难眠、心泪潸然？……有了这样的悲悯情怀，才能使灵魂升跃到一个高度，才能有具足的、非凡的生命体验。

——庞进《大悟骊山》

- 哲学视角

①（悲剧能够）唤起悲悯与畏惧之情并使这类情感得以净化。

——亚里士多德《诗学》

② 悲剧是对于一个严肃完整有一定长度的行动的模仿。在悲剧中，主人公不可避免地遭受挫折，受尽磨难，甚至失败丧命，但他们合理的意愿、动机、理想、激情预示着胜利、成功的到来。

——亚里士多德《诗学》

③ 悲剧分为三种状况，第一种是由异乎寻常的恶人造就的悲剧，第二种是起于盲目的命运和偶然的机运，第三种是剧中人不同的地位和相互关系造成的悲剧。

——叔本华《作为意志和表象的世界》

【支架五】相关书籍和文献（篇幅关系，仅罗列部分目录）

- 程孟辉：《西方悲剧学说史》，中国人民大学出版社，1996
- 亚里士多德：《诗学》，商务印书馆，1996
- 罗峰：《哈姆雷特的命运观》，现代哲学，2010
- 张芳芳：《性格悲剧与社会悲剧合二为一——〈哈姆雷特〉的悲剧性分析》，海外英语，2017(21)：161-162
- 具洸范：《〈窦娥冤〉〈雷雨〉人物性格悲剧性之比较研究》，求是学刊，1993(01)：67-73
- 季贞贞：《用亚里士多德的悲剧观解读〈窦娥冤〉的悲剧性》，牡丹江大学学报，2017，26(05)：85-87

【支架六】为学生的单元写作提供范文

单元写作要求：在本单元课文的人物中任选其一，尝试深入体味其"将人生有价值的东西毁灭"的悲剧价值。字数不少于800字，题目自拟。

提供范文（略）

【支架七】提供单元演讲操作指南

- 探析人物矛盾与关系
- 分析人物的潜台词
- 聚焦人物的内心独白
- 体验其中的悲悯情怀
- 提炼单元演讲主题
- 完成单元演讲提纲

- 指导教师提出建议
- 根据反馈进行调整
- 组内初步交流、展示
- 再次调整，为正式演讲准备

【任务三说明】本单元的单元统整任务分为主要针对"戏剧的悲悯情怀"，学生跟随着这个大方向，形成自己的探究主题。由此展开写作、交流、演讲等子任务。在这一环节中，给予了学生极大的自由度，同时也给教师提出了更高的要求。并不是说学生无法独立完成探究、写作、交流、演讲等任务，走过场非常简单，但是教师要确保在此过程中每一个学生真正获得了什么！教师不是要学生"走过同一条路"，而且要确保每一个学生"走出自己的路"。所以，在这个过程中，教师应根据学生不同的需求，提供各类有价值的素材、各种范文，并且提供基本的操作指南。这样，学生既能按照大致的流程持续性地推进各自的主题探究，同时又能高效地选取相应的有价值的素材展开个性化的探索，展开更深层次的思考，从而促使更多的学生从外围的"跟随者"转变为主动思考的"体验者"。

四、结语

新课标、新教材为我们带来了新的学习方式，看似把舞台交给了学生，其实是向教师提出了更高的要求。学生在学习方式的巨变中，固然产生浓厚的兴趣，但是在眼花缭乱之余，也不免迷茫无助，甚至不知所措。我们不否认有些学生在任务驱动下，能够时时跟进。但是我们更担心的是有相当数量的学生在浅层面徘徊，始终难以触及问题的核心，更不能产生自己的思考、独特的体验、个体的情境。因此，教师的职责不仅仅是设计任务，更要时时为学生构建支架，促进学生"个人体验情境"的生成。

针对"情境教学",提高"作业实效"
——关于"高中语文教学"与"作业评价"一致性的策略研究

【导读】"情境教学"活跃了课堂氛围,提供学生情绪价值,促使学生主动思考,但经过调查问卷,我们发现高中生普遍认为语文作业缺少针对性,并且对有效提高成绩鲜有帮助。本文从作业设计与考试命题的关联性去分析教师"教"与学生"学"发生悖离的原因,可以进一步明确作业设计的原则和依据,提高作业"问题"设计的有效性、针对性,优化课堂教学。笔者尝试从命题与课程标准、教学基本要求、作业设计等方面初步建立分析模型,以便更好地找到彼此之间的关联性。

【关键词】教学点 作业评价 一致性

"情境教学"活跃了课堂氛围,提供学生情绪价值,促使学生主动思考,但是在课后,出现了学生对待作业不认真,甚至出现了轻慢、敷衍的态度。

语文作业的主要表现为:课堂教学的内容和课后布置的作业缺少统一性和深入性;课后布置的作业又与考测评价缺少一致性。笔者对所在学校"高中生语文作业实效性"作了抽样调查,部分统计结果见表6-9。

表6-9 "高中生语文作业实效性"抽样调查(一)

问题		各年级(百分比) 高一	高二	高三
1. 你每天完成语文作业大约需要多少时间?	A. 30分钟以上	48%	62%	60%
	B. 30分钟以下	42%	38%	40%
2. 你觉得语文作业的效果如何?	A. 有效	51%	43%	31%
	B. 一般	42%	45%	67%
	C. 无效	7%	12%	2%

（续表）

问题	各年级（百分比）	高一	高二	高三
3. 你认为语文作业主要存在什么问题？	A. 不能调动学习兴趣	10%	8%	3%
	B. 没有针对或深化本课时教学内容	42%	38%	37%
	C. 没有有效提高成绩	40%	47%	55%
	D. 方法、思路指导不够	8%	7%	5%

我们知道课后作业是高中语文教学的一个重要环节，是课堂教学的延伸。有效的语文作业可以检测学生课堂听讲能力和知识消化、巩固、运用能力。从表6-9中可以看出，有相当一部分学生认为语文作业缺少针对性，并且对有效提高成绩鲜有帮助。触目惊心的数据把矛头指向了"教学—作业—考测"一致性的问题。新课标中特别提到"要体现学习目标、内容与评价的一致性"！

实现语文课堂教学与评价的一致性，这是教与学的必须，更是提高教学实效的必须。既然这样，应该怎么做？

一、梳理、精选每个单元的"教学点"

语文教材的编排方式有其特殊性。除了语文学科之外的其他学科教材大多是按照知识体系编排教学内容的，章节之间互有关联，逐步深入。而语文教材是按照主题将相关文章串联起来的，文章之间不存在先后顺序。而且，高中语文学科教学已逐渐脱离"知识点"层面的学习、应用，相对其他学科，高中语文"情境教学"更多地涉及感悟、思辨、鉴赏、审美等精神层面的高阶学习体验。因此，高中语文学科若借助其他学科常用的"知识点"这一概念，恐怕很难"自圆其说"，但是梳理、精选每个单元的"教学点"，却是每个教师都能做到的。

但是，说到梳理单元"教学点"，也非易事。高中语文教材的选文相对有深度、有内涵，且对教材的解读是因师而异的，因而教师对学生的引导也是多元的。事实上，语文学科的外延也是无限的，这一切导致了语文学科"教学点"的不确定性。如果"教学点"都不确定，那么作业设计势必更加找不到"支点"。因此，高中语文学科"教学点"的设定首先应该基于"课程标准"和"教学基本要求"之上。当然，"教学基本要求"比较细化，从"识记""理解""运用""综合"四个方面，针对不同的文体，均作了特别具体而细致的要求。那么，语文教师在具体操作一篇课文时，是不是按部就班，"教学点"面面俱到？肯定不是！教师必须找到平衡点，既在规范之内，又不失个性、情境性。这就要求语文教师在"课程标准"和"教学基本要求"的框架下，对"主题单元"进行深入而又有创造性的解读和整合。教师需要关注单元的文本特性，梳理知识点，发现文本特点与单元主题的契合点。以复旦大学附属中学高三备课组的"史传文学单元教学"为例（相关课文为《秦晋崤之战》《鸿门宴》《苏武传》《伶官传序》），见表6-10。

表6-10 单元"教学点"设计

序号	"教学点"描述	学习水平
1	了解课文涉及的作家、作品及与之相关的文学、文化常识	A. 识记
2	结合语境，理解本单元相关文言字、词、句的含义和用法	B. 理解
3	积累与史传文学、史官文化相关的课内外名句	B. 理解
4	整合课文信息，概括课文所涉及的历史事件的内容	B. 理解
5	分析课文的结构特点、行文思路及写作意图	C. 应用
6	分析相关字词、语句、段落在文中的作用	C. 应用
7	*分析作者写作意图与材料的关系，认识史官叙事原则	D. 综合
8	*赏析本单元史传作品的表现手法和语言特点	D. 综合
9	*探究史传文学的基本特征，形成史传文学的基本概念	D. 综合

（续表）

序号	"教学点"描述	学习水平
10	*构建学习主体对史传文学、史官文化的认知	D. 综合

从表6-10看，第1—6"教学点"的设置完全基于"教学基本要求"，而第7—10"教学点"的设定，在"教学基本要求"的基础上有所拓展。在此基础上，设计课后作业，清晰而明了。因此，要改变语文"情境教学"后作业的实效性，必须改变"教学点"不明确的问题。

二、作业设计与"教学点"的关联性

教师把比较多的精力放在考试命题上，但是不太愿意把时间用在平时的课后作业上。尤其在"情境教学"中，教师要每天精心设计，综合融入"教学点"，很难坚持。很多时候，教师们选择直接"拿来"。现在很多高中语文作业，要么无法贴合"教学点"，要么索性在低层面"徘徊"，更遑论连贯性和递进性了。笔者对所在学校"高中生语文作业实效性"作了抽样调查，部分统计结果见表6-11。

表6-11 "高中生语文作业实效性"抽样调查（二）

题目	各年级（百分比）	高一	高二	高三
1.你认为语文作业中大量存在的类型为以下哪一种？	A. 识记训练	58%	54%	42%
	B. 理解应用	22%	25%	35%
	C. 综合拓展	20%	20%	23%
2.你认为阶段性的语文作业是否有关联？或者不断深化？	A. 有	15%	12%	9%
	B. 偶尔有	32%	28%	15%
	C. 完全没有	53%	60%	76%

结合表6-9和表6-11的数据可以发现，当前语文作业缺少对教学内容的针对性，即使具备针对性，很多题目还是停留在"识记训练"层面。这是因为"识记训练"类的题目对于出题者而言，既方便操作，也符合学生的实际需要。但是这类作业层面较低，不利于学生能力的发展，更磨灭了学生对语文学习的兴趣。

新课标中提到，评价要关注学生内在的学习品质。随着课时的推进，以及"教学点"的深入，作业设计也应该从"识记"到"理解"到"运用"到"综合"一步步深化，并体现出一定的连贯性。以笔者教学的《赤壁赋》一文为例，见表6-12。

表6-12 基于"学习品质"的"教学点"设计

课时	"教学点"描述	作业设计	学习水平
课时1	掌握基本的文体知识和相关文言字、词、句的含义及用法	完成本文的文学常识和字词句式整理	A. 识记
课时2	把握全文情感发展脉络，理解作品中体现的独特的思想和情怀	思考："理"的阐发和之前的"景""情"如何联系在一起	B. 理解
课时3	引入同一单元王安石的《游褒禅山记》一文，进行比较阅读	针对同时代的散文若干篇，从"景""情""理"三方面进行关联性分析	C. 应用
课时4	探究宋人散文的"理趣"	在宋代注重文章"理趣"的不只苏轼一个，请结合具体例证来说明这一特征	D. 综合

表6-12中，首先展现的是一种"针对性"，语文作业的设计和每一节课的"教学点"都是息息相关的，从客观上解决了作业不切合实际教学的问题。其次作业不以"量"取胜，更多关注的是"质"，每节课后的作业都是紧紧围绕课堂"教学点"来设计的，而且随着学习能力的提升，作业的难度也自然过渡、推进。

三、作业设计与考试命题的一致性

从表6-9中的数据可以判断，高中生之所以不愿意做语文作业的非常重要的一个原因在于——他们认为做语文作业对于真正的考试并没有帮助。没错，这样的回答裹挟着强烈的功利气息，但不可否认这也是大时代洪流中高中生的"肺腑之言"。考试考什么，平时作业训练当然应该练什么。当然，语文学科有其特殊性，有时候某些作业并非考试的直接内容，可是作为一种积累是必须的。这种情况的确普遍存在，但是这并不意味着教师在设计作业的时候可以随心所欲，无视考纲、规则。

从作业设计与考试命题的关联性去分析教师"教"与学生"学"发生背离的原因，可以进一步明确作业设计的原则和依据，提高作业"问题"设计的有效性、针对性，优化课堂教学。笔者尝试从命题与课程标准、教学基本要求、作业设计等方面初步建立分析模型，以便更好地找到彼此之间的关联性，操作流程如图6-2所示。

这一板块的内容目前还停留在初步实施阶段，进一步的探索和论证留待下一阶段继续完成。

四、结语

总之，课后作业是高中语文教学的一个重要环节，是课堂教学的延伸。作业作为课堂教学的有益巩固和评价载体，必须切合教学实际，获得实效。语文教师可以创造，也可以改编，但是绝对不可以"拿来"！实现作业设计和教学内容以及考试命题的一致性，能够促使教师的教学设计从课堂延伸至整个学习过程，使教与学融合成动听的协奏曲。

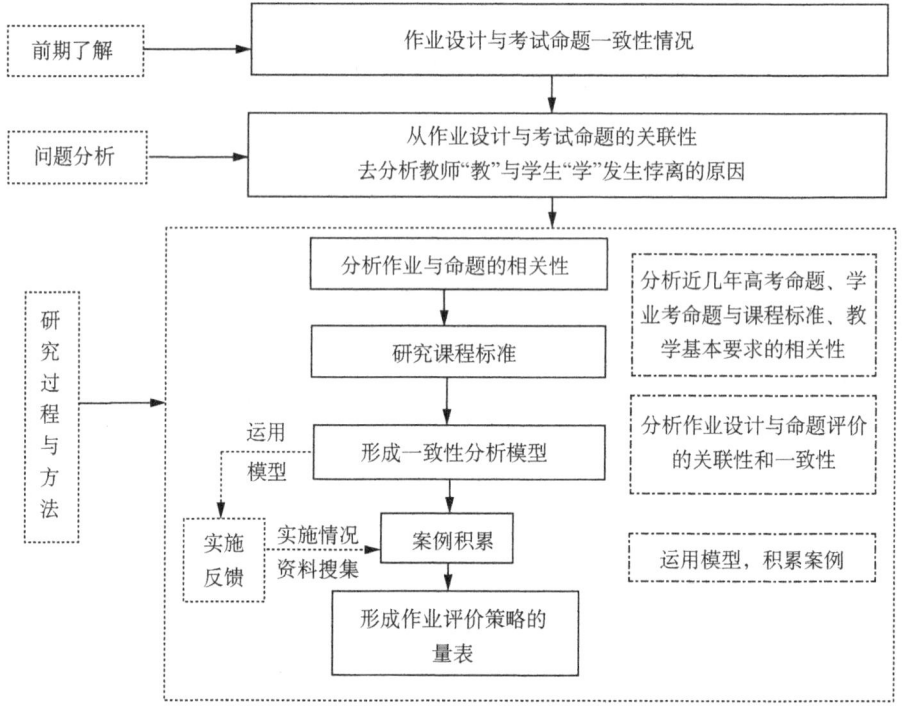

图 6-2 流程图

语文专题研学的打开方式
——高中语文专题研学策略研究

【导读】专题教学本质上是一种以学生为主体的研究性学习。在新课标中提出,"高中学生身心发展渐趋成熟,已具有一定的阅读表达能力和知识文化积累,促进他们探究能力的发展应成为高中语文课程的重要任务""积极倡导自主、合作、探究的学习方式"。由此,在任务引领下的自主研究的语文专题式教学模式随之而生。任务引领下的自主研究的语文专题式教学模式有利于有效的"情境教学"的形成。

【关键词】专题研学　研学策略

专题教学本质上是一种以学生为主体的研究性学习（简称"研学"）。早在1896年，教育家杜威曾经尝试由学生自主选择学习内容进行研究，以此培养其实践能力。之后，教育家威廉·赫德·克伯屈在《教学方法原理》中也提出，专题学习过程必须由学生负责计划、研究以及实行。[29] 高中语文教学多年来深陷接受性学习的小格局中难以自拔，原本应该卓然不群高中生，被迫在教师的"搀扶"下，失去了独自行走的能力。在新课标中提出，"高中学生身心发展渐趋成熟，已具有一定的阅读表达能力和知识文化积累，促进他们探究能力的发展应成为高中语文课程的重要任务""积极倡导自主、合作、探究的学习方式"。由此，在任务引领下的自主研究的语文专题式教学模式随之而生。

如今，很多人都赶上了语文专题自主研究的这波热潮。但是，究竟有多少人思考过，什么是研学？什么又是语文专题中的研学？研学和教学的区别？如何才能做到真正意义上的专题研学？

教育部颁布的《普通高中"研究性学习"实施指南（试行）》中提道："研究性学习是学生在教师的指导下，从自然、社会和生活中选择和确定专题进行研究，并在研究过程中主动地获取知识、应用知识、解决问题的学习活动。"根据教育部对"研学"的界定，根据高中语文教学的特征，笔者认为语文专题教学中的研学应该是学生根据教师设计的专题，在专题任务引领下，通过确立主题、查阅资料、专题写作、表达交流等自主研究学习，获得能力的学习方式。通过语文专题研学，我们培养高中生的批判精神、创新能力、独立分析问题及解决问题的能力。教师有了这样的认知基础，才能带领学生一步步走进高中语文专题研学的世界。

笔者认为，高中语文专题研学的主要环节有四步，如图6-3所示。

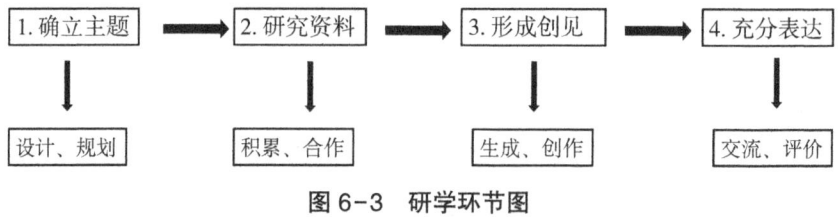

图 6-3　研学环节图

一、把握专题方向，形成研学主题

高中语文专题研学的第一步便是确立自身研究的主题。学生确立的主题并不是教师设立的专题。在语文专题教学中，教师根据教学的情境、学生的学情、既定的素材，构建"专题任务群"。但是，学生不可能对某个专题学习中的每一个问题展开探究；而是在教师的引导和帮助下，自主研究，发现、生成自己感兴趣的问题。只有让学生自主生成属于自己的研学主题，才能实现有针对性地探究、创造，才能落实真正意义上的自身知识体系的构建。当然，在确定主题的过程中，教师要把握主题的研究价值。

就像在"《诗经》的文学母题"这一专题教学中，学生在研学时不必对专题中涉及的所有的文学母题面面俱到，而是选择此专题中自身感兴趣的抑或有疑惑之处，做主题研究。比如有的学生对《诗经》中的"爱情观"颇感兴趣，有的学生深入研究的是战争主题、生命主题等。在笔者最近进行的"淡而有味的散文语言"这一专题研学中，笔者要求学生在"淡而有味的散文语言"这个大的研究方向上作进一步的细化，从某一问题入手确立自己的主题。比如，有些学生研究的是"语言背后的情感"，有些学生感兴趣的是"语言中所蕴含的力量"，各展所长，各补己短，不尽相同。

二、广觅研学资料，合力深层探索

在确立研学主题之后，学生要开始大量积累与主题相关的研学资料。倪文锦教授说过，要促使学生在多文本阅读过程中提升其阅读能力。[30]传统教学偏重教师的讲授，常常由教师大量积累素材，进行研究；而专题研学更注重学生的表现，学生必须加入材料积累、研读的队伍中来。

没有一定程度的阅读量，没有相关素材的积累，研学便是一纸空谈。在传统课堂中，学生两手空空，完全跟着教师的思路走，由于缺少视野，所以也就没有自己的判断。学生只有经过大量的资料的研究才能形成自己思考、判断和质疑。因此，研学提供给学生的不仅仅是结论，更是得出结论的途径。复旦大学附属中学的王白云老师所倡导的"三一课堂"教学模式，主张专题教材中应该有不同类型的资料提供给学生。除了研读的文本之外，还可以提供相关知识类资料、文论类资料、鉴赏类资料，以及选读篇目和推荐书目等。王白云老师主编的《高中语文专题学习》之《西方哲学——我思故我在》分册向学生提供了丰富"助读资料"。[31]具体如表6-13所示。

表6-13 助读资料列表

		《西方哲学——我思故我在》
助读资料	语文知识	1. 哲学
		2. 形而上学
	人物小传	1.《笛卡尔小传》（张志伟）
		2.《我思故我在——笛卡尔》（慧心）
	相关评论	1.《西方哲学十五讲·智慧的痛苦（有删节）》（张志伟）
		2.《哲学与生活》（金岳霖）
		3.《〈谈谈方法〉在笛卡尔作品中的位置》（黄凌云）

(续表)

助读资料	相关评论	《西方哲学——我思故我在》
		4.《笛卡尔的"我思故我在"的含义及其意义》（中国文论联盟）
	推荐书目	1.《西方哲学十五讲》（张志伟）
		2.《你最应该知道的大哲学家》（慧心）

当然，教师也可以让学生从不同渠道收集信息。不管是教师提供的，还是学生寻觅的，总之，要让学生凭着自己的知识积累去研究，带着自己的思想去探索。这样，学生的学习过程才能成为一个在教师引导下自主的、富有个性的研究的过程。

学生在完成各项准备工作之后，形成研学小组，利用收集到的资料来分析问题，进行合作交流，进而研讨解决问题。教师应该给予必要的帮助和指导，不断提高学生研究问题的能力，培养学生核心素养。学生在研究过程中互相交流、互相合作、共同提高。交流的内容可以是知识、情感，可以是兴趣、价值观，也可以是生命体验、审美评价等。合作功能的发挥，不仅可以使研究的效应扩大，分享到更多的研究成果，提高学生探究问题的意识和解决问题的能力，还可以让学生有许多另外的收获，比如沟通能力、协调能力和交往能力等。

三、完善知识体系，形成独特见解

经过了积累、合作阶段之后，学生对问题的看法渐渐明晰。在这一阶段中，学生要做的是将新旧知识有机联系起来，在原有知识的基础上，将探究所得纳入原有的知识体系中形成新的认识和理解，进而构建成新的知识体系。语文研究不同于科学探究，它不需要学生有新的发现，它只要求学生对问题有新的认识。在这个阶段,教师也应该给予学生方法上的指导或引导,比如知识的整理,比如根据所得信息进行逻辑推理以作出判断等。长此以往,能有效地帮助学生提升语文学习能力。

把新的认知融入原有的知识体系中,便渐渐形成自己独特的观点。什么叫作独特的观点?比如笔者所参与编写的《高中语文专题学习》之《现代散文——淡而有味的散文语言》这一分册,在教学的过程中,很多学生都形成自己的观点,但未必都是独特的观点。[31]比如有的学生说:"平淡的文风让人感觉不到背后的感情。"显然,他只是在叙述一个简单的事实,不能算是一个观点。又比如有的学生说:"冲突越是强烈,语言越显平淡。"虽然,他有了较为深刻的认识,恐怕也不算是观点。还有一学生说:"语言越是克制,情感越是汹涌。"那么,这个就不仅仅是观点,而且是独特的观点。专题研学的结果,绝不能是人云亦云,更不能是资料整合,而是形成"创见"。

四、充分表达见解,评价研学成果

形成自己的研究成果不是研学的终点,更重要的是完整、准确地表述研究成果,在更大的范畴中交流、分享自己的观点,接受不同层面的反馈和评价。

充分表达阶段是整个专题研学活动非常重要的组成部分,一般分成两个步骤——小组内部的交流和评价、班级层面的交流和评价。

首先,学生个人或研学小组内进行交流、自我反思、共同评价。从研究主题的确立、研究资料的整合、观点的独特性、表达的充分度等方面进行自我评价。也可以与教师、教材提供的结论或别人的研究成果相比较,从而对结论进行分析评价,甚至是推倒重来。在这个阶段,教师应该积极参与小组讨论,引导学生对自己的学习方式进行自我监控、小组评价,促使学生形成新的学习方式。专题研学活动组内评价表见表6-14。

表6-14 专题研学活动组内评价表

关键指标	考 查 要 点	自评	组内评
设计、规划 （20%）	把握专题研学的总方向（5%）		
	自主提出、设计研学主题(10%)		
	研学方向的意义和价值(5%)		
积累、合作 （30%）	收集、整合信息（5%）		
	提炼、判断信息，质疑，敢问敢为（10%）		
	积极参加小组互动，沟通能力强（10%）		
	根据小组成员特质，各展所长（5%）		
生成、创作 （30%）	自主实施研学主题，自主生成研学成果（10%）		
	形成"创见"，形成创新性研学成果（10%）		
	研学成果的完整性、针对性、深刻性（10%）		
交流、评价 （20%）	充分交流，表达本组的立场、阐述本组的成果（10%）		
	对交流情况进行反馈，表达各自建议（10%）		

其次，在班级层面进行交流和评价。在最终阶段中，各个研学小组在全班进行交流，让其他小组对本组的研学成果进行评价。这种组与组之间的评价、讨论，有时可以引发出新的问题。这个相互交流的过程，也是学生进行自我反思的过程。学生可以通过这一过程对自己的研学方式进行分析，特别是对问题的解决过程进行反思和归纳。专题研学交流活动各组互评表见表6-15。

表6-15 专题研学交流活动各组互评表

关键指标	各组互评
场景的把握和调控（25%）	

（续表）

关键指标	各组互评
成员的调动和发挥（25%）	
材料的丰富和典型（25%）	
思想的新颖和深刻（25%）	

以上是高中语文专题研学的基本流程，然而我们要注意语文学科的特殊性，我们不赞同用一种僵化的、固定的格式来实施专题研学。也就是说，高中语文专题研学的流程不是一种机械的、刻板的模式，并不是一成不变的，而应该是灵活的，可以根据情况的变化而变化。

参考文献

［1］郭绍虞.中国历代文论选（一卷本）［M］.上海：上海古籍出版社，2001.

［2］韦志成.语文教学情境论［M］.南宁：广西教育出版社，2001.

［3］冯卫东，王亦晴.情境教学策略［M］.北京：北京师范大学出版社，2010.

［4］中华人民共和国教育部.普通高中语文课程标准（2017年版2020年修订）［M］.北京：人民教育出版社，2020.

［5］劳伦斯·斯坦伯格.青少年心理学［M］.梁君英，董策，王宇，译.北京：机械工业出版社，2015.

［6］李吉林.田野上的花朵·对话：情境教学的萌发［M］.北京：教育科学出版社，2013.

［7］文学荣.新课程下教师课堂教学情境创设能力培养与提升［M］.北京：新华出版社，2005.

［8］语文建设编辑部.语文学习任务群的"是"与"非"——北京师范大学王宁教授访谈［J］.语文建设，2019(01)：4-7.

［9］吴恒山，单华.冷冉教育思想的特点及贡献［J］.大连教育学院学报，2006(01)：1-6.

［10］李吉林.情境教学实验与研究［M］.北京：人民教育出版社，2006.

［11］钱立新.微信与高中语文——一个不可忽视的教学资源库［J］.青少年日记(教育教学研究)，2015(08)：25-26.

［12］许静波.略论悬念教学法［J］.东北农业大学学报（社会科学版），2003(07)：94-95.

［13］何克抗.从Blended Learning看教育技术理论的新发展（上）［J］.电化教育研究，2004(03)：1-6.

［14］崔允漷.如何开展指向学科核心素养的大单元设计［J］.北京教育（普教版），2019(02)：11-15.

［15］崔允漷，夏雪梅."教-学-评一致性"：意义与含义［J］.中小学管理，2013(01)：4-6.

［16］王荣生.语文科课程论基础［M］.上海：上海教育出版社，2005.

［17］中华人民共和国教育部.普通高中语文课程标准（2017年版）［M］.北京：人民教育出版社，2018.

[18] 王宁，巢宗祺.普通高中语文课程标准（2017年版）解读[M].北京：高等教育出版社，2018.
[19] 钟启泉.课堂研究[M].上海：华东师范大学出版社，2016.
[20] 魏晏龙，田建国.对于马林诺夫斯基语境观的再分析[J].西安建筑科技大学学报（社会科学版），2012，31(02)：74-80.
[21] 孔凡成."真实的语言运用情境"释[J].语文教学通讯，2018(31)：24-27.
[22] 罗吉·福勒.现代西方文学批评术语词典[M].袁德成，译.成都：四川人民出版社，1987.
[23] 列·谢·维戈茨基.艺术心理学[M].周新，译.上海：上海文艺出版社，1985.
[24] 苏宏斌.现象学美学导论[M].北京：商务印书馆，2005.
[25] 曹禺.曹禺全集[M].石家庄：花山文艺出版社，1996.
[26] 王育生.曹禺谈《雷雨》[J].人民戏剧，1979(03)：40-47.
[27] 申荷永.荣格与分析心理学[M].北京：中国人民大学出版社，2012.
[28] 汪应果，吕周聚.简明巴金词典[M].兰州：甘肃教育出版社，2000.
[29] 威廉·赫德·克伯屈.教学方法原理[M].2版.王建新，译.北京：人民教育出版社，2016.
[30] 倪文锦.语文研究性学习的两种模式[J].中学语文教学参考，2003(04)：5-8.
[31] 王白云.高中语文专题学习[M].上海：上海交通大学出版社，2017.

后 记

经历这几年"双新"背景下高中语文情境教学的探索和实践，笔者按照拟定计划，根据不同学段，设置试点专题，形成相关案例，探究教学方法，提炼情境策略，制订评价量表，力求创建一个创造、对话、体验、合作的师生有机整体。在实践中初步解决的问题有：

（1）梳理并进一步深化理解核心概念。在梳理了情境教学发展渊源的基础上，对基于"双新"背景的高中语文情境教学内涵进行了阐述，并概括其特征，审视其对于学生、教师和教学的意义。

（2）创建并培育适合高中语文学习的课堂生态。经历三年大小不同的单元情境教学，师生共同创建一个"动态"课堂情境。通过设置不同情境，师生于多边对话中实现情感流动、思维碰撞，更好地运用语言、发展思维、提升审美、传承文化。

（3）开发并丰富跨媒介教学资源，调动教师专业特长。根据不同类型的阅读专题，教师主动收集、整合多种媒体的教学资源。凸显经典阅读的同时，也注重教学资源的数字化、趣味性，从而引发学生阅读期待。另外，还充分利用信息技术的优势，创设真实的网络情境，做到及时共享与反馈。

（4）于实践中，初步提炼教学策略。基于设定的教学目标，在教学方法的采用、教学程序的制订等实践中提炼情境教学创设策略：借助真实环境带入情境；运用有效教法优化情境；通过合作交流创生情境；巧设测评情境形成"闭环"。

研究团队提炼的方法和策略初步在"同育联盟"范围内推广和应用，借助"上海市高中名校慕课"平台定期向全市中学生公开授课、网上探讨；借助"华师慕课"平台在全国范围内推广，让全国各地的学生发现语文专题学习的乐趣，达到共享、共研、共学。

　　总而言之，通过在高中语文课堂创设的教学情境，可使学生的学科基本素养得到全方位培育，同时能促进授课质量及成效的逐步提升。据此，任课教师需对教学情境的合理创设予以特别注意，遵循学生发展的客观规律，结合其实际学习能力，摒弃原有的教育指导理念，为学生营造良好的语文学习空间，使其在深化理解核心课程内容的基础上实现全面发展。

　　在高中语文教学中运用情境教学思想，充分尊重学生，培养学生的主动性，激发学生的兴趣，从启发学生思维的角度出发，变革教师的课堂教学模式、学生的学习方式，让学生在情境中自由地言说、自由地表达，真正感受到学习的快乐。新时代也赋予了情境教学新的理念，教师在运用时要结合时代的特点，打破传统，勇于创新，在不断实践中完善对这一理念的认识，提出新的构想。在实践中尚待解决的问题及原因如下：

　　其一，由于关于"双新"背景下高中语文情境教学的探索和实践相对较少，缺少系统的理论研究，加之研究团队的水平有限，本书在理论提炼方面缺少深度。

　　其二，本书对"双新"背景下高中语文情境教学的实例未能进行更深入、全面的分析。

　　其三，高中语文统编教材的施行刚进入第三年，就学习任务群等内容，还有待进一步学习与研读。部分研究成员在本轮"单元情境教学"的实践中，尚未根据不同的学习任务群对教学模式作出具体、细致的区分。

　　针对以上问题，笔者将会深入思考、研究，在认真研读新课标与新教材基础上，于今后的教学实践中，继续探索和实践，为本课题的发展、成熟做进一步的努力，争取获得更深入、更具体、更全面的研究成果。

总之，当今社会对学生的素质要求越来越高。教师要对照教学基本要求，充分利用信息环境，主动寻找适合学生成长的教育资源并充分融入教学活动中，从而提高教学的效率，促进学生核心素养的提升。但毕竟教无定法，教师还需要结合教学实际情况，保持时刻反省、时常优化教学方式的习惯，打造高效课堂，以促进学生的全面发展。